(Par Auguste - Théribert Chalons
d'Argé, d'après Barbier.)

2465

NOTICE

SUR LES

PRINCIPAUX TABLEAUX

DE

L'EXPOSITION DE 1859.

PEINTRES FRANÇAIS.

DEUXIÈME ÉDITION

corrigée et augmentée.

PARIS

HENRI PLON, ÉDITEUR

IMPRIMEUR DE L'EMPEREUR

8, RUE GARANCIÈRE

1859

Paris. — Typographie de Henri Plon, imprimeur de l'Empereur,
8, rue Garancière.

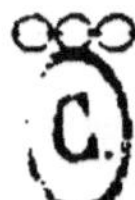

INTRODUCTION.

C'est la seconde fois qu'une Exposition des beaux-arts a lieu dans les galeries du vaste palais construit en 1855, pour recevoir et réunir les merveilles de l'industrie du monde entier. En 1857, ce furent seulement les beaux-arts qui lui demandèrent une large et splendide hospitalité.

On n'a pas oublié avec quel zèle, quelle intelligence, M. Viel, l'architecte du monument, répondit, à l'époque de l'Exposition universelle, aux vues du Gouvernement, et, plus tard, aux intentions de M. le comte de Nieuwerkerke, le directeur suprême de ces solennités artistiques. Cette année, cependant, nous avons à signaler de nouveaux et remarquables progrès. En 1857, on était satisfait de l'heureuse division de l'immense espace consacré à l'Exposition ; aujourd'hui l'on reconnaîtra que la distribution des salons et des galeries est encore plus heureuse, plus commode ; que les facilités de communication sont augmentées ; que toutes les places sont favorables aux ouvrages des artistes.

M. Viel a triomphé avec le plus grand bonheur des difficultés, beaucoup plus grandes, beaucoup plus sérieuses qu'on ne pense, qui viennent assaillir un architecte dans de semblables circonstances.

On pénètre dans les nouvelles salles improvisées par le majestueux portique qui fait face à l'avenue des Champs-Élysées. L'entrée du salon d'honneur est de plain-pied avec le péristyle du grand escalier, que décorent déjà de remarquables sculptures.

Toutes les salles de l'Exposition sont désignées par des numéros. Le salon d'honneur porte le nº 1. Il a une superficie de 24 mètres carrés, et forme le milieu de la construction nouvelle, composé de chaque côté de quatre galeries, en tout huit pièces, dont quatre de 48 mètres de longueur, quatre de 40 mètres, sur 12 de largeur.

Aux extrémités sont des salons parfaitement semblables au salon nº 1. Ils ouvrent sur les escaliers du nord-est et du nord-ouest, et facilitent ainsi l'écoulement de la foule.

Les salons et les galeries portant les numéros 1, 2, 3, 4, 9, 10, 11, 13, 14, 15, sont destinés aux peintures françaises. C'est là que l'on a rassemblé les œuvres de nos artistes : tableaux militaires, tableaux d'histoire, compositions religieuses, paysages, sujets de fantaisie, tableaux de fleurs, etc. On ne peut qu'approuver l'ordre et le goût qui ont présidé à ce rangement, l'une des opérations les plus délicates et les plus difficiles d'une Exposition des beaux-arts.

La galerie nº 12 a été spécialement affectée aux artistes étrangers, aux Allemands, aux Hollandais, aux Belges, aux Italiens, etc., etc. Tous ont dignement répondu à l'honorable invitation du Gouvernement français.

En retour d'équerre, à droite, existe une vaste salle destinée depuis longtemps à recevoir les tableaux qui sont devenus la propriété du Gouvernement. Cette salle est réservée aux artistes anglais qui n'ont pas pu faire leurs envois à temps, mais qui ont promis d'être en mesure vers la fin du mois de mai.

De l'autre côté, à gauche, faisant face à cette salle réservée, est un espace semblable. M. Viel l'a partagé en trois salles et une galerie, portant les nos 5, 6, 7 et 8. Toute cette partie de l'Exposition est consacrée aux productions d'un ordre moins élevé, aux œuvres du crayon, du burin, aux pastels, aux dessins, aux miniatures, gouaches et aquarelles, aux gravures, aux lithographies.

Les charpentes de la construction n'atteignent pas la balustrade de la grande nef. Il existe entre elles une largeur de 4 mètres, à laquelle M. Viel a su donner une excellente destination. C'est dans cette longue galerie, qui permet presque de faire le tour de l'édifice, que sont exposés les dessins et les projets d'architecture, les dessins de restauration, des gravures, des lithographies. D'espace en espace sont des gaines supportant des bustes, puis des étagères sur lesquelles sont rangées une foule de statuettes, de mignonnes sculptures, de délicates reproductions par le métal, le marbre, l'ivoire, la cire ou le bois, de tous les règnes de la nature.

Il serait difficile maintenant de trouver un système de distribution plus satisfaisant. Partout de l'espace, de l'air, de la lumière. Toutes les pièces, salons ou galeries, communiquent entre elles au moyen de quatre ou cinq portes, percées dans chacune d'elles.

L'encombrement est impossible, quelle que soit la foule qui se porte à l'Exposition des beaux-arts. Les issues sont vastes, nombreuses, et, pour la commodité des visiteurs, on a placé, dans un grand nombre d'endroits, des divans, des banquettes.

Le sol de la nef a été métamorphosé en jardin anglais avec une merveilleuse activité. On n'a eu qu'à enlever la terre pour découvrir les bassins, la petite rivière. Comme en 1857, un pont rustique la traverse; de vertes pelouses s'étendent sur ses bords. On y a prodigué les arbrisseaux, les fleurs odoriférantes. Dans les angles s'élèvent de petites collines, terminées par d'élégants chalets. Çà et là on a planté de beaux et grands arbres, qui semblent ne devoir pas dépérir.

C'est sous leur ombrage, c'est au milieu ou sur les bords de ces pelouses qui charment et reposent leurs yeux que l'on a rangé la plus grande partie des œuvres de la statuaire. Les groupes, les études, les représentations de toutes les divinités de l'Olympe se succèdent dans ce parc en miniature. Ils apparaissent aux regards sous les aspects qui permettent le mieux d'apprécier le talent et les qualités de l'artiste.

Pour la première fois la photographie a obtenu une place, non à l'Exposition des beaux-arts, mais au Palais de l'Industrie. Un vaste espace lui a été accordé dans l'un des angles du bâtiment, à la suite de la salle réservée aux artistes anglais.

C'est, en quelque sorte, une exposition particulière au milieu de la grande Exposition. La photographie a une entrée pour elle seule dans le pavillon sud-ouest. Son exhibition est une tentative intéressante qui lui vaudra peut-être, plus tard, l'honneur de marcher à la suite des beaux-arts.

VESTIBULE.

Tableaux achetés par la Commission de l'Exposition

POUR LA LOTERIE.

Nº 76. — *Rêverie*. — (M. **Aubert**.)
Une belle jeune fille, drapée dans sa toge, est assise sur un rocher, au bord de la mer. Sa tête est penchée. A quoi pense-t-elle? Plutôt à l'espoir d'un retour qu'au chagrin d'un départ.

Nº 104. — *Le Renard et les Raisins*. — (M. de **Balleroy**.)

> . . . . . vit au haut d'une treille
> Des raisins, mûrs apparemment,
> Et couverts d'une peau vermeille.
> Le galant en eût fait volontiers son repas.

(LA FONTAINE.)

Nº 163. — *Le Viatique*. — (M. **Baudit**.)
En voyant cette plaine immense et triste du Morbihan, semée de flaques d'eau, à la suite de quelque grand orage, éclairée par un jour douteux, on est encore plus touché du dévouement de ce vieux prêtre. Il va, accompagné seulement de son sacristain, porter les suprêmes consolations de la religion dans cette maison isolée située dans le lointain, et dans laquelle on veille en pleurant et en priant.

Nº 199. — *Le Salut d'adieu, scène de tranchée devant Sébastopol*. — (M. **H. Bellangé**.)
Des zouaves, dans la tranchée, ramènent sur un brancard le corps d'un officier qui vient d'être tué. Leurs camarades saluent la dépouille du brave qui vient de succomber.

Nº 264. — *Corps de garde d'Arnautes, au Caire*. — (M. **Bida**.)
Ces guerriers, qui forment la milice turque, sont recrutés dans les montagnes de l'Albanie et dans une partie de l'Illyrie. Ils sont belliqueux, et leur nom, dans la langue du pays, signifie *vaillant*.

Nº 285. — *Paysage*. — (M. **Alexandre Bluhm**.)
Vue prise dans les environs de la Brie.

Nº 291. — *Troupeau de vaches; souvenir des Pyrénées*. — (M. **A. Bonheur**.)
Le ciel était pur au lever du soleil. Mais comme il arrive souvent dans les montagnes, les nuages s'amoncellent rapidement et enveloppent d'un épais brouillard le voyageur inexpérimenté qui n'a pas su prévoir le danger. Ici, poussés par le vent, ils montent dans les gorges et font fuir devant eux ce troupeau de vaches qui s'empressent, en beuglant, de gagner le versant de la montagne.

Nᵒ 410. — *Plantation d'un calvaire*. — (M. Jules Breton.)

La scène se passe dans un cimetière. Le cortége a quitté l'église et marche à travers les tombes. Des confrères de la Passion portent sur un brancard une statue du Christ. Devant eux, de jeunes filles vêtues de blanc, les cheveux tombants, portent sur des coussins de velours les insignes de la Passion; d'autres ont des cierges. Le cortége s'avance avec recueillement vers le mur contre lequel la croix du calvaire a été adossée.

Nᵒ 412. — *Une Couturière*. — (M. Breton.)

Dans une triste chambre où l'on ne voit pour tous meubles qu'une table, une armoire, — une jeune femme, pauvrement vêtue, travaille avec courage, peut-être avec résignation.

Nᵒ 433. — *Les Sœurs de Charité*. — (Mᵐᵉ Henriette Browne.)

L'une d'elles, au frais et doux visage, est assise et tient sur ses genoux un jeune enfant malade. Elle l'a enveloppé d'une couverture, et l'examine avec le plus tendre intérêt. L'autre sœur, debout derrière une table, prépare une potion dans un mortier.

Nᵒ 488. — *Avant la messe*. — (M. Capelle.)

Dans le fond, les Pyrénées se détachent sur un ciel d'un bleu foncé. Nous sommes au déclin du jour, si nous mesurons les ombres qui se détachent des murailles et des personnages. Avant l'office du soir, ces habitants de la basse Navarre, avec leurs courtes jaquettes et leurs larges bérets, s'exercent à des jeux d'adresse.

Nᵒ 490. — *Représentation d'Athalie devant le roi Louis XIV par les demoiselles de Saint-Cyr*. — (M. Caraud.)

La scène rappelée par l'artiste est celle dans laquelle Athalie raconte le songe qui l'a tant effrayée. Les jeunes filles, pour jouer la tragédie, n'ont point quitté le costume qui leur avait été donné par madame de Maintenon. Les deux principales actrices sont sur une estrade couverte d'un riche tapis. A leur droite se sont groupés les chœurs. Le roi, assis, le chapeau sur la tête, est à quelques pas des élèves, ainsi que madame de Maintenon, également assise. Tous deux sont séparés par une balustrade dorée des seigneurs que Sa Majesté a bien voulu inviter à cette représentation tout à fait intime. Non loin du roi est Racine suivant la pièce sur le manuscrit.

Nᵒ 744. — *Femmes de Mola di Gaëte*. — (M. Curzon.)

Une jeune Napolitaine travaille au métier. Une autre, aux cheveux d'un blond chaud, pelote la laine que lui tient gravement la plus jeune. Ces trois filles aux pieds nus semblent travailler sous la surveillance de leur mère qui file sa quenouille. Mais elles sont Italiennes, la danse et la musique sont de leur essence; aussi mandoline et tambourin ne doivent pas toujours ainsi chômer à la muraille.

N° 859. — *Paysage.* — (M. Desjobert.)

Groupe d'arbres au bord de la mer, dans le département du Calados. Ces nouveaux Titans tiennent ferme contre le vent terrible qui souffle de la haute mer.

N° 982. — *L'Hospitalité.* — (M. Duverger.)

Un orage inattendu force deux citadines, bergères d'occasion, à rendre un refuge chez de braves paysans. « Entrez, mesdames, dit la maîtresse du logis, approchez-vous du feu, séchez vos vêtements. » Le mari, troublé dans son repas, se contente de tourner la tête; le vieux père ôte respectueusement son bonnet de coton, tandis que la grand'mère continue à faire manger la soupe au plus jeune enfant, qui se préoccupe fort peu du reste. Par la porte, encore ouverte, on voit accourir une jeune paysanne qui a su se faire un parapluie de sa jupe de laine.

N° 1062. — *Le Déjeuner.* — (M. Fichel.)

Voici un gaillard que la solitude ne semble pas attrister. Confortablement installé dans son grand fauteuil, il savoure le vin d'Espagne. De sa main droite il tient haut un couteau bien affilé; son geste est menaçant, et voilà de pauvres fruits fort appétissants qui me paraissent devoir être bientôt ses victimes.

N° 1399. — *Une Prairie sur les bords de la Landarge.* — (M. Hanoteau.)

Paysage dans le département de la Nièvre.

N° 1672. — *Paysage.* — (M. Kniff.)

Souvenirs de Ville-d'Avray.

N° 1745. — *Paysage.* (M. Lamorinière.)

N° 1796. — *Le Goûter.* — (M. Laugée.)

Dans une vaste plaine de la Picardie nous voyons, au premier plan, deux paysannes, cueilleuses d'œillettes, qui se sont assises pour prendre un frugal repas avant de se remettre au travail.

N° 1827. — *Un Soir aux étangs de Bourcq (Aisne).* — (M. Lavieille.)

Es-tu bien certain, chasseur, que ces canards soient sauvages? — Prends garde que la fermière ne te fasse payer cher ton adresse.

N° 1851. — *Le Benedicite.* — (M. Lechevallier-Chevignard.)

Avant le repas, la famille se lève avec respect, et le chapelain dit le *Benedicite.* Le vieux père seul, appesanti par l'âge, reste assis.

N° 1922. — *Faits divers.* — (M. Armand Leleux.)

L'intérieur du logis, les costumes, nous indiquent que nous sommes en Suisse. Mais quelles sont donc ces nouvelles, *Faits divers,* qui causent tant d'hilarité à ces bonnes créatures? J'aime à croire que ce n'est pas un affreux assassinat, quand je vois la dame de céans tremper si gaiement son biscuit dans un gros doigt de vin.

N° 1958. — *La Vigie.* — (M. **Le Poittevin**.)

A l'extrémité d'une jetée de planches souvent ébranlées par la force des vagues, la vigie doit observer l'horizon d'un œil attentif. Une jeune femme est aussi là, tenant un enfant dans ses bras : c'est la femme du pêcheur. Ce bateau qui passe dans un rayon de soleil, fuyant les gros nuages de la haute mer, porte peut-être son mari.

N° 1973. — *Paysage.* — (M. **Charles Leroux**.)
Pêche au saumon sur la Loire, près de Nantes.

N° 2086. — *Paysage.* — (M. **Van Mark**.)
Animaux, paysage, effet d'automne.

N° 2173. — *Paysage.* — (M. **Émile Michel**.)
Cigognes réunies dans un marécage.

N° 2368. — *Une Ronde d'officiers du temps de Charles-Quint.* — (M. **Penguilly-l'Haridon**.)

Deux cavaliers, l'un bardé de fer, l'autre portant au dos les armes d'Autriche, sont arrêtés sur le rivage. Le dernier donne des instructions à un hallebardier vêtu de rouge, placé là en vedette.

N° 2455. — *Défilé des zouaves dans la tranchée.* — (M. **Isidore Pils**.)

Ils sont là huit ou dix de nos braves soldats de Crimée, armés, encapuchonnés, s'en allant gagner leur poste. Quelques gabions revêtus de terre les protégent contre les balles et les obus de l'ennemi, mais il faut baisser la tête sans cesser d'être attentif, sans cesser d'être prêt à la riposte. On les suit avec intérêt dans leur marche périlleuse. Au bout de la tranchée, — je devrais dire du tableau, — le rempart improvisé cesse brusquement : il y a une éclaircie à franchir....

N° 2656. — *Un Novice de l'ordre de Saint-François.* — (M. **Ruiperez**.)

Le jeune moine, seul dans sa cellule, s'est levé de son prie-Dieu. Tandis qu'il ouvre son livre de prières, il lance un regard dans les champs, à travers les barreaux de sa prison volontaire.

N° 2881. — *La Leçon.* — (M. **Toulmouche**.)
Voici une petite brunette qui me paraît préférer de beaucoup son polichinelle aux fables du bon la Fontaine.

N° 3038. — *Halte de contrebandiers.* — (M. **Achille Zo**.)
Dans la cour d'une auberge espagnole, ils ont arrêté leurs mules, qu'ils ont débarrassées de leurs fardeaux. De jeunes femmes restent en admiration devant les brillantes étoffes qu'ils étalent à leurs yeux.

Salon N° 1.

N° 226. — *Sainte Claire recevant le corps de saint François d'Assise.* — (**Benouville.**)

Les arts ont perdu cet artiste au mois de février dernier.

Aux portes du couvent qu'habite sainte Claire avec ses compagnes, des religieux apportent, sur un brancard, le corps de saint François. Une foule respectueuse, émue, empressée, assiste au spectacle de la douleur de sainte Claire, qui se précipite sur le corps du saint.

N° 227. — *Jeanne d'Arc.* — (**Benouville.**)

Une jeune fille en costume de paysanne, les pieds nus, est assise sur un tertre de gazon. Elle laisse échapper de sa main la quenouille qui lui a été confiée; sa figure est animée, presque radieuse. Elle subit l'influence mytérieuse de l'apparition que l'artiste a placée derrière elle dans la demi-teinte : un ange porte l'étendard de la France, un autre présente une épée à la jeune fille.

N° 228. — *Portraits.* — (**Benouville.**)

Ce tableau, *inachevé*, est un des derniers ouvrages de cet artiste, enlevé à la fleur de l'âge aux arts, dont il eût été l'un des plus brillants interprètes. Sur cette toile, il avait réuni les êtres qui lui étaient le plus chers, sa femme, ses enfants. L'un de ces pauvres petits était descendu dans la tombe avant son père.

N° 276. — *Portrait de S. Exc. M. le maréchal de France comte de Castellane.* — (M. **Bin.**)

Ce portrait en pied, après l'Exposition, doit faire partie des galeries historiques du Musée de Versailles.

N° 409. — *Le Rappel des glaneuses.* — (M. **Jules Breton.**)

C'est dans un champ de l'Artois que toutes ces belles et vigoureuses filles ont reçu la permission de ramasser les épis oubliés par les moissonneurs. Quelques-unes ont été heureuses. Celles-là, sans doute, n'ont pas causé avec leurs voisines; mais il y a des retardataires. Le garde champêtre est là, assis sur une borne, qui leur rappelle que l'heure du départ vient de sonner.

N° 417. — *Porte d'église pendant la messe.* — (M. **Gustave Brion.**)

Souvenir de Bretagne. L'église est pleine; mais ces braves gens, silencieusement pressés devant la porte, suivent l'office avec le plus pieux recueillement.

N° 468. — *L'Étang des bois.* — (M. **Cabat.**)

Le soleil se reflète encore dans les eaux, et le pâtre profite de ses derniers rayons pour mener boire les bœufs qu'il va rentrer à l'étable.

N° 503. — *Cruautés des Thurings de l'armée d'Attila.* — (M. **Casey.**)

L'artiste, dans cet épisode des horreurs qui accompagnent la guerre, s'est inspiré des pages éloquentes de Chateaubriand dans ses *Études historiques.* Les soldats de l'envahisseur se donnaient le féroce plaisir d'attacher les jeunes filles à des chevaux excités par tous les moyens. Ces infortunées ne tardaient pas à être mises en pièces; il en périt plusieurs centaines par cet atroce supplice.

N° 667. — *Le Chant du rossignol.* — (M. **Compte-Calix.**)

Au clair de lune, un groupe de gracieuses femmes écoute en extase le petit chanteur amoureux.

N° 741. — *Psyché.* — (M. de **Curzon.**)

Au premier aspect, cette jeune et gracieuse divinité, tenant dans ses mains un riche coffret qu'elle s'apprête à ouvrir, pourrait être prise pour Pandore. Il n'en est rien : c'est Psyché revenant des enfers pour rapporter à Vénus une boîte qui lui a été donnée par Proserpine.

N° 742. — *Une Jeune mère.* — (M. de **Curzon.**)

Tout en filant et en chantant, elle tourne sa tête charmante vers son enfant endormi dans un berceau. Cette étude est un souvenir de l'artiste lorsqu'il visita Picinesca, dans le royaume de Naples.

N° 766. — *Paysage.* — (M. **Daubigny.**)

Vue prise dans le département du Calvados. Les Graves, au bord de la mer, à Villerville.

N° 767. — *Paysage.* — (M. **Daubigny.**)

Une vue des bords de l'Oise.

N° 810. — *Le Denier de César.* — (M. **Dejussieu.**)

Figures à mi-corps. Jésus-Christ est entouré de quelques personnages. Le pharisien qui l'interroge et lui montre l'effigie de César est de profil et tourne presque le dos au spectateur.

N° 821. — *Saint Sébastien.* — (M. **Eugène Delacroix.**)

Délaissé par les persécuteurs qui l'avaient choisi pour but de leurs sanglants délassements, le saint a été étendu sur le gazon par des femmes charitables. Elles étanchent son sang et pansent ses blessures.

N° 860. — *Paysage.* — (M. **Desjobert.**)

Le préau de Saint-Maurice.

N° 949. — *Les Disciples d'Emmaüs.* — (M. **Michel Dumas.**)

Dans la salle d'une hôtellerie, Jésus est debout devant une table. Les deux disciples sont assis aux extrémités. Jésus a pris le pain et s'apprête à le bénir et à le rompre. Dans le fond, une servante se dispose à apporter un plat. Ce tableau a été commandé par M. le préfet de la Seine pour l'église Saint-Louis d'Antin.

N° 974. — *Jésus au mont des Oliviers.* — (M. **Duval Lecamus.**)

Pendant que les apôtres dorment au bas de la colline, Jésus, à genoux, prie son Père. Deux anges soutiennent son courage. Devant le Sauveur, au milieu d'une vapeur mystérieuse, apparaît une croix lumineuse.

N°⁸ 1069 et 1070. — *Portrait de madame S....* — *Portrait de mademoiselle M....* — (M. **Hippolyte Flandrin.**)

Heureux qui connaît ces deux femmes charmantes ; plus heureux l'artiste qui les a peintes avec tant de vérité et de poésie !

N° 1129. — *Les bords du Gapeau, près Hyères* — (M. **Français.**)

Ce ruisseau coule sous l'ombrage d'arbres touffus. Une jeune fille lit en rêvant dans ce lieu retiré, tandis que sa blonde compagne se baigne dans les eaux peut-être un peu trop froides. Prenez garde, belle imprudente !

N° 1230. — *L'Amour de l'art.* — (M. **Gendron.**)

Un artiste est en contemplation devant la toile qu'il a sur son chevalet. La jeune femme qui lui sert de modèle regarde l'heure pour savoir si son temps est bientôt fini : l'aiguille du coucou lui paraît d'une lenteur désespérante.

N° 1237. — *César.* — (M. **Gérome.**)

Ce tableau fait, dit-on, partie d'une sorte d'histoire du dictateur. Le peintre a commencé par le dénoûment. César n'est plus ! Il a été assassiné. Le Sénat est désert ; pas un seul banc n'est occupé. Conspirateurs, indifférents ou timides, tous les sénateurs se sont enfuis. On peut suivre le chemin des meurtriers, la trace de leurs pieds est marquée par les plaques de sang qui rougissent les dalles.

Quant à César, se voyant attaqué par tant d'ennemis à la fois, même par Brutus, il s'était enveloppé la tête dans sa toge, n'avait plus opposé de résistance, et était tombé en soldat peu soucieux de disputer un reste de vie. Maintenant c'est un cadavre étendu au pied de l'estrade où il parlait en maître. Son trône a été renversé dans la lutte.... Ce corps inanimé est comme enveloppé dans un linceul. On n'aperçoit qu'un bras déchiré par les poignards, une partie du visage et quelques feuilles de la couronne d'or qui couvrait ce front devant lequel le monde entier s'inclinait.

N° 1238. — *Ave, Cæsar imperator, morituri te salutant !* — (M. **Gérome.**)

Lorsque les empereurs romains voulaient occuper ou distraire le peuple de la grande capitale, obtenir ses applaudissements ou ses suffrages, ils donnaient des spectacles. On eut d'abord les représentations des pièces d'Ennius, de Térence et de Plaute ; puis les combats d'animaux, puis les duels des gladiateurs, préface sanglante des hécatombes de chrétiens livrés aux bêtes féroces.

C'est Vitellius qui donne aujourd'hui la fête. Il y aura bien des morts et des mourants sur cette arène! Le peuple se presse sur les gradins du cirque, qu'un immense vélum protége contre les ardeurs du soleil. L'empereur est dans sa loge, entouré de belles Romaines. Il est calme, insouciant. Il digère paisiblement un excellent repas. Que lui fait la vie de ces hommes qui s'entre-tuent pour le plaisir de tous? Déjà quelques-uns sont morts. De nouveaux couples se présentent... Suivant l'usage, ils se présentent devant la loge de l'empereur, et, agitant leurs filets, leurs tridents, leurs épées, envoient à César leur dernier salut : *Ave, Cæsar, morituri te salutant.*

N° 1239. — *Le Roi Candaule.* — (M. **Gérome**.)

Dans le plus secret appartement de ce palais, décoré avec tant de goût et de magnificence, où il a prodigué toutes les richesses de l'ornementation antique, l'imprudent roi de Lydie vient de se mettre au lit. Sa femme va l'y suivre. Mais, en quittant ses vêtements, elle aperçoit Gygès qui s'échappe.... Candaule avait caché dans l'ombre son favori, afin qu'il pût s'assurer de la vérité des éloges qu'il ne cessait de faire de la beauté de la reine. On connaît les conséquences de ce caprice. La reine irritée força Gygès à tuer son époux, et partagea le trône de Lydie avec le meurtrier.

N° 1278. — *Intérieur du cabinet de M. le comte de Nieuwerkerke, directeur général des Musées impériaux, au Louvre.* — (M. **Charles Giraud**.)

La représentation de cette pièce est d'une merveilleuse exactitude. L'ameublement, l'ornementation, sont rendus avec une scrupuleuse fidélité. Les armures, les vases, les coupes, placés sur le premier plan, appartiennent aux collections du Musée et sont d'une valeur inestimable.

N° 1420. — *Les Cervarolles.* — (M. **Hébert**.)

C'est ainsi que dans les États romains on appelle ces jeunes filles aux traits singuliers, expressifs, qui se livrent aux plus rudes travaux, et que ces travaux ne rebutent jamais. Elles montent, elles descendent les marches noires de ce sombre escalier sans s'occuper du poids des vases qu'elles portent sur leur tête. Examinez, surtout, la plus petite. Elle est laide. Mais que d'originalité, de caractère dans cette laideur!

N° 1421. — *Rosa Néra à la fontaine.* — (M. **Hébert**.)

Rosa Néra est une fille de la brune Italie ; elle rêve au murmure de l'eau qui tombe dans les vases de cuivre de ses compagnes. A quoi rêve-t-elle? A quelque bonheur perdu, à quelque amour regretté. Comme ses yeux sont noirs au fond de leurs orbites! Assise sur les bords d'un bassin de pierre, elle vole, je crois, au loin, par la pensée.

N° 1989. — *Le Souper libre.* — (M. Émile Lévy.)

Ce tableau, composé et exécuté à Rome, a déjà été exposé l'année dernière à l'École des Beaux-Arts. Il rappelle une coutume des Romains au temps des persécutions et des martyrs.

La veille du jour où ils étaient condamnés aux bêtes, les chrétiens étaient rassemblés dans une salle, et on leur offrait un repas, qu'on appelait *le Souper libre.* Le peuple était admis à ce dernier banquet. Les martyrs profitaient de la curiosité dont ils étaient l'objet pour prêcher leur foi et chercher à opérer des conversions.

C'est à l'un de ces repas que saint Sature disait à cette foule avide d'émotions et de spectacles sanglants : « Le jour de demain ne vous » suffira-t-il pas pour nous contempler à votre aise et pour assouvir » la haine que vous nous portez? Remarquez bien nos visages, afin » de nous reconnaitre à ce jour terrible où tous les hommes seront » jugés. »

N° 2058. — *Dante, conduit par Virgile, arrive au sommet du purgatoire et aperçoit le paradis.* — (M. Magaud.)

Dante touche encore du pied les dernières roches noires du purgatoire, mais une splendide lumière l'éblouit et l'environne tout à coup. Virgile, placé près de lui, décrit ce magnifique spectacle.

« Vois, lui dit-il, le soleil qui resplendit sur ton front; vois ces plantes, ces fleurs, ces arbrisseaux que d'elle-même ici produit la terre. En attendant que te viennent, dans leur joie, ces beaux yeux qui tout en pleurs me firent venir à toi, tu peux à ton gré t'y promener ou te reposer. »

Près de Virgile est le poëte Stace.

N° 2113. — *Derniers soupirs du Christ.* — (M. Bénédict Masson.)

Jésus, étendu sur la croix, a laissé tomber sa tête; son dernier soupir s'est exhalé. Au pied de l'instrument du supplice, la Vierge, Madeleine, un apôtre, se livrent au désespoir. Dans le lointain, Jérusalem apparait enveloppée de nuages noirs que traversent des bandes d'un rouge de sang.

N° 2135. — *Néron et Locuste essayant les poisons sur un esclave.* — (M. Mazerolle.)

Néron, vêtu du costume impérial, est assis et examine curieusement le visage de la victime. C'est un esclave que l'on avait lié à une colonne et qui est tombé à terre expirant dans les convulsions. La vieille Locuste est sur le second plan, suivant froidement les péripéties du meurtre.

N° 2165. — *Le Sermon sur la montagne.* — (M. Jules Meynier.)

Jésus, debout, sur le second plan du tableau, s'adresse à la foule qui l'entoure et accourt de toutes parts. Un vaste cercle d'hommes, de femmes, d'enfants, de toutes conditions, s'est formé autour du Sauveur.

N° 2226. — *Proscription des jeunes Irlandaises, en 1655.* — (M. **Charles Müller.**)

Cette scène douloureuse, rendue avec tant d'expression, rappelle un des épisodes les plus terribles et les plus cruels de la proscription que les protestants firent subir aux catholiques.

Ne pouvant tous les détruire par le fer et le feu, on eut recours à la déportation. Un jour, entre autres, mille jeunes filles furent enlevées à leurs familles, poussées vers le rivage et livrées aux matelots, qui les attendaient pour les entasser dans des barques, des canots, et les diriger sur les vaisseaux qui devaient les conduire à la Jamaïque. Là, celles qui avaient survécu à leur désespoir, à leurs souffrances, furent vendues comme esclaves.

Dans son livre intitulé *l'Irlande,* M. Gustave de Beaumont a fait le tableau le plus saisissant, le plus dramatique, de cette odieuse persécution.

N° 2300. — *La Traite des veaux dans la vallée de la Touque.* — (M. **Joseph Palizzi.**)

Cette grande toile nous transporte dans une des plus vertes campagnes de notre Normandie, verte, luxuriante, parcourue par des vaches, des taureaux qui y trouvent une nourriture abondante. L'éleveur du voisinage est arrivé avec sa charrette. Il y a déjà placé les veaux qu'il a choisis. D'autres attendent leur tour. Les pauvres vaches s'inquiètent de ce rassemblement inaccoutumé. Les veaux entourent et caressent les paysannes qui leur ont donné leurs soins. Il y a là de petits drames rendus avec une grande vérité.

N° 2369. — *Danse macabre.* — (M. **Penguilly-l'Haridon.**)

Le tableau du milieu montre la Mort entraînant après elle tous les rangs, tous les âges. Il faut lui obéir, à cette impitoyable puissance! Les sujets peints autour du sujet principal la présentent toujours à l'œuvre, toujours infatigable de destruction. Elle atteint le gourmand à table, l'amant près de sa maîtresse, l'enfant dans son berceau ou dans les bras de sa mère. Elle brise le fort, qui croyait pouvoir lutter avec elle. Partout elle étend son terrible niveau.

N° 2440. — *Saint Clément.* — (M. **Pichon.**)

Ce pape, successeur de saint Lin ou de saint Anaclet, l'an 67 ou l'an 91, avait été ordonné par saint Pierre. On le regarde comme l'auteur de la première mission des évêques dans les Gaules. Il les a rassemblés autour de lui, près des murs de Rome, leur donne ses dernières instructions, et appelle sur eux les bénédictions du ciel. Il

mourut en l'an 100 et passe pour martyr ; mais on ignore le genre de
sa mort.

Le seul écrit que l'on ait de lui est une *Épître aux Corinthiens*.
Après l'*Écriture sainte*, elle passe pour le plus précieux monument
de l'antiquité.

N° 2443. — *Les Marécages de Philostrate.* — (M. **Picou**.)

Cette peinture est destinée à une salle de bains. Devant une grotte
et au milieu des roseaux, une jeune et jolie nymphe préside aux
jeux de quelques enfants montés sur le dos de beaux cygnes blancs.
Des oiseaux aquatiques s'agitent autour d'eux.

Cette scène a pour encadrement des figures, des accessoires et des
motifs dans le style étrusque. Il y a eu dans l'antiquité deux phi-
losophes et rhéteurs du nom de Philostrate. Parmi les ouvrages qu'ils
composèrent et qui sont venus jusqu'à nous, plusieurs traitaient des
arts et particulièrement de la peinture. L'un a donné une description
des peintures qui décoraient le Portique de Naples ; l'autre a fait un
livre intitulé *les Tableaux*. C'était moins une description de peintures déjà exécutées que des espèces de programmes de sujets pro-
posés à l'émulation des artistes. Les œuvres de ces deux auteurs,
dont le premier vivait sous Septime Sévère, le second sous Macrius
et Héliogabale, ont été réunies par les traducteurs français.

Je suppose que le titre : *les Marécages de Philostrate*, a été donné
au tableau de M. Picou en souvenir des œuvres des deux écrivains
latins. Peut-être l'artiste français a-t-il mis à exécution un des programmes du contemporain d'Héliogabale.

N° 2474. — *La Famille.* — (M. **Plassan**.)

La jeune mère, encore au lit, présente le sein à son enfant, tandis
que le père sourit à l'empressement du petit affamé.

N° 2475. — *La Prière du matin.* — (M. **Plassan**.)

Fraîche comme le matin et rose comme la fleur des champs déposée
sur sa table, la jeune fille prie avec ferveur Celui qui l'a créée si
belle ! —

N° 2582. — *Le général Canrobert à la tranchée.* — (M. **Rigo**.)

Pendant les pénibles et dangereux travaux du siége, le général visitait souvent les tranchées dans lesquelles nos soldats étaient des mo-
dèles de résignation, de bravoure, de discipline. Il leur prodiguait les
soins, les encouragements. Debout au milieu d'eux, sans s'inquiéter
des éclats des bombes, des obus, qui renversent quelques soldats
derrière lui, blessé encore au bras, il attache la croix d'honneur à la
capote d'un de ces braves gens.

N° 2596. — *Portrait de M. le comte de Morny, président du Corps
législatif.* — (M. **Alexandre Robert**.)

N° 2638. — *Paysage.* — (M. **Théodore Rousseau**.)

Vue des bords de la Sèvre, dans le département de la Vendée.

Nº 3024. — *La gorge de Malakoff.* — (M. **Yvon**.)

Ce tableau, commandé à l'artiste pour être placé dans les galeries de Versailles, près de la vaste toile représentant la *Prise de Malakoff*, et qui obtint la grande médaille d'honneur à l'Exposition de 1857, rappelle la glorieuse journée du 8 septembre 1855.

Après l'escalade des premiers épaulements de Malakoff, les Français trouvèrent devant eux une foule d'obstacles, de barricades, de gabions, qu'il fallut renverser. On réussit à expulser l'ennemi, et l'on se trouva sur cet espace de quatre mètres de large que représente le tableau et qui servait en quelque sorte de porte de communication entre la redoute et la ville de Sébastopol, dont on aperçoit, dans le lointain, le port et les habitations.

La lutte devint terrible. Les Russes, dont on voit les lignes accourir de Sébastopol, firent les plus grands efforts pour conserver libre l'ouverture du passage; les Français réunirent les leurs pour les repousser et fermer l'entrée qui donnait passage à de nouveaux adversaires.

Le drapeau du 20ᵉ régiment de ligne flotte déjà sur le sommet de la gorge. Officiers et soldats rivalisent de dévouement et de bravoure; les voltigeurs et les zouaves de la garde, le 3ᵉ régiment de zouaves, les 50ᵉ et 27ᵉ régiments de ligne leur viennent en aide; puis les tirailleurs algériens, au costume éclatant, se précipitent comme un torrent. On repousse les hommes, on entasse les gabions, les sacs à terre... L'ennemi se décide alors à reculer et à nous abandonner une victoire si chèrement disputée.

A droite, on aperçoit le général Vinoy debout sur une traverse et dirigeant les efforts de ses troupes. Parmi les hommes tombés sur la terre ensanglantée, se trouvent le colonel Adam, le commandant Iratsoqui, du 20ᵉ de ligne ; le lieutenant-colonel Roques, frappé mortellement en portant le premier gabion. Le tirailleur qui joue du kenob est le sergent arabe Mustapha, qui sous le feu le plus terrible ne cesse de faire entendre les airs du pays pour animer ses compagnons.

Nº 3025. — *La Courtine de Malakoff.* — 8 septembre 1855 — *Campagne de Crimée.* — (M. **Yvon**.)

Cette toile a été placée le jour de la réouverture du salon. Un touchant et dramatique épisode en occupe le milieu. Le général Bosquet, blessé grièvement, se fait porter dans la courtine et continue de donner ses ordres aux voltigeurs, aux grenadiers de la garde, qui avancent de toutes parts au milieu d'une pluie de projectiles. Des soldats, qui portaient le général, sont frappés mortellement; son guidon est brisé par une balle dans les mains de l'officier auquel il est confié. Dans le lointain, on aperçoit la tour de Malakoff et la ville de Sébastopol.

— *Portrait de M. Alexandre Dumas père.* — (M. **Boulanger**.)

Le célèbre romancier est représenté à mi-corps en costume circassien. L'artiste a obtenu la faveur de faire admettre ce portrait au salon le jour de la réouverture. Il n'est point inscrit au livret.

Salon N° 2.

N° 166. — *La Toilette de Vénus.* — (M. **Baudry**.)

La déesse est entièrement nue, à l'ombre des arbres. Elle relève
sa chevelure, pendant que l'Amour lui présente un miroir. Sur un
tertre de gazon sont posés le diadème, le collier, les bracelets. Deux
tourterelles se caressent dans le feuillage.

N° 212. — *Entrée des hussites au concile de Bâle.* — (M. **Bellet
du Poisat.**)

Souvenir des querelles religieuses du temps passé. Armés de pied
en cap, l'air grave et farouche, les hussites pénètrent dans le concile.
Leur présence y apporte l'étonnement et la stupeur.

N° 235. — *Le Simoun.* — (M. **Berchère**.)

Les voyageurs parlent fréquemment de ce vent qui s'élève à l'impro-
viste avec la plus effroyable impétuosité dans les déserts de l'Égypte.
Il balaye devant lui les sables des plaines, les transporte au loin.
Alors ces nuages immenses vont tomber sur des monuments, des
caravanes entières, qu'ils ensevelissent pour toujours. Ici le nuage
que traversent quelques éclairs s'avance comme une montagne sur les
pauvres Arabes, qui cherchent en vain à lutter contre la fureur de la
tempête. Des chameaux couchés sur le sol sont déjà couverts de la
poussière. Pourront-ils échapper à la mort qui les menace?...

N° 353 — *Don Quichotte chez les chevriers.* — (M. **Louis Boulanger**.)

Le chevalier de la Triste-Figure est venu se reposer un instant au
milieu de ces hommes qui mènent une vie si dure dans la solitude des
montagnes. Assis sur une large pierre, il leur adresse les plus beaux
discours. Ils l'écoutent avec une admiration mêlée de surprise.

N° 356. — *Othello.* — (M. **Louis Boulanger**.)

Desdemona repose tranquillement dans son lit. Othello, troublé,
poursuivi par les perfides confidences de Iago, entre dans la chambre,
tenant une lampe à la main. Il médite déjà l'acte terrible par lequel
il croit venger son honneur qui n'a jamais été trahi.

N° 360. — *Portrait de M. Dumas fils.* — (M. **Louis Boulanger**.)

N° 418. — *Un Enterrement.* — (M. **Brion**.)

Dans certains villages des bords du Rhin, il faut traverser le fleuve
pour parvenir au cimetière communal. Il y a un embarcadère con-

sacré. Les parents, les amis, adressent là leurs derniers adieux à celui qui n'est plus : aux plus proches parents le triste privilége de s'asseoir dans la barque funèbre. Le défunt est couché dans cette bière, sur laquelle on a placé la couronne d'immortelles, et que précède la simple croix de bois qui protégera sa tombe. Le batelier va passer au large.... Le père, la mère, la femme sans doute, sont seuls près du modeste cercueil.

De l'autre côté du fleuve, voyez-vous ces silhouettes bizarres, celle surtout qui apparaît coiffée d'un étrange chapeau : ce sont les serviteurs de la Mort, le fossoyeur, les porteurs. Ils attendent, immobiles comme des oiseaux de malheur.

N° 491. — *Louis XV et madame du Barry.* — (M. **Caraud.**)

Ce tableau nous reporte à l'année 1770, époque à laquelle la favorite faisait tous ses efforts pour renverser le ministre Choiseul. Le roi est debout devant la cheminée, le chapeau à la main. La comtesse, élégamment vêtue, nonchalamment étendue dans une bergère, souriant malignement, joue avec des oranges qu'elle fait sauter. Son action rappelle ces paroles rapportées dans tous les mémoires du temps : « Saute, Praslin ! saute, Choiseul !... »

N° 492. — *La Lettre de recommandation.* — (M. **Caraud.**)

Une bonne dame est au coin du feu ; sa fille travaille à côté d'elle Un grand jeune homme, mince, pâle, à la figure sympathique, vient de présenter une lettre que la maman lit en s'aidant de sa loupe. Que demande-t-il, ce monsieur ? une place de secrétaire, d'intendant, ou la faveur de devenir le professeur de mademoiselle ?

Si ma voix pouvait être entendue, je dirais à cette mère : « Envoyez promener ce mélancolique à tournure de Werther. » Il regarde en effet la jeune personne avec une attention et un respect indices de quelque passion dissimulée depuis longtemps. La soubrette, qui a laissé la porte entr'ouverte pour être au courant des résultats de la recommandation, m'a bien l'air d'être de mon avis.

N° 493. — *Le Billet surpris.* — (M. **Caraud.**)

Que disais-je ? ceci n'est-il pas la suite inévitable de l'aventure ? Mademoiselle a reçu un billet, qu'on lui a glissé sans doute pendant qu'elle était au clavecin. Elle le cache derrière son dos ; mais la mère a vu le poulet. « Allons, mademoiselle, ce papier.... Qu'est-ce à dire, » vous hésitez ? Donnez, je vous prie ; je vous l'ordonne ! »

Et la soubrette est encore derrière la porte, observant tout, et disposée, bien certainement, à aller prévenir le beau mélancolique de la scène dont elle vient d'être le témoin.

N° 629. — *Ève dans le paradis terrestre.* — (M. **Clesinger.**)

C'est la première fois que le célèbre sculpteur présente au Salon un ouvrage de peinture. Ève est étendue sur le gazon. Elle dort. Pendant son sommeil, le serpent tentateur s'est glissé près d'elle. Il approche sa tête de l'oreille de la première femme et lui murmure les perfides conseils qu'elle n'a que trop bien suivis....

N° 648. — *Lutte de taureaux.* — (M. **Coignard.**)

Ce combat se livre sur la lisière d'un bois près d'un marécage. Les rivaux, au nombre de quatre, se frappent de leurs cornes pendant qu'une belle vache les regarde assez tranquillement. Sur la droite, le fermier, attiré par le bruit de la lutte, accourt avec son chien.

N° 801. — *Campement de nomades dans la plaine d'El-Outaïa (Sahara).* — (M. **Degand.**)

Ils fument, groupés autour d'un maigre feu qui doit lutter contre la fraîcheur de la nuit dans le désert.

N° 819. — *Montée au Calvaire.* — (M. **Eugène Delacroix.**)

Forcé par ses persécuteurs de porter sur ses épaules l'instrument de son supplice, Jésus-Christ succombe sous le poids du fardeau.

N° 822. — *Ovide en exil.* — (M. **Eugène Delacroix.**)

La cause véritable de cet exil, toujours dissimulée par le poëte, n'a jamais été connue. Auguste lui avait prodigué les honneurs, les récompenses. Il lui avait donné publiquement des marques d'estime. Tout à coup on le vit condamné à un exil rigoureux. Relégué à l'extrémité du Pont-Euxin, dans une contrée et au milieu d'un peuple barbares, le malheureux Ovide y languit plus de huit années, mourut à cinquante-neuf ans, et fut enterré à Tomers, lieu de son exil.

Il est là étendu sur le gazon, objet de la curiosité bienveillante des Scythes, dont quelques-uns lui présentent des fruits, lui offrent le lait de leurs cavales.

N° 823. — *Herminie et les bergers.* — (M. **Eugène Delacroix.**)

Dans le chant septième de la *Jérusalem délivrée*, Tasse décrit l'arrivée de la belle guerrière.

« A la vue d'un chevalier inconnu, les pasteurs se troublent et s'effrayent. Herminie, par un geste bienveillant, les rassure. *Heureux bergers*, leur dit-elle, *continuez vos jeux et vos ouvrages; ces armes ne sont pas destinées à troubler vos travaux et vos chants.* »

N° 824. — *Rebecca enlevée par le Templier.* — (M. **Eugène Delacroix.**)

Dans le roman d'*Ivanhoé*, Walter Scott a décrit avec une grande énergie cette scène que beaucoup de peintres ont déjà reproduite. C'est le sac du château de Frontdebœuf avec son plus dramatique épisode.

N° 873. — *Mort du fils de la Sunamite.* — (M. **Devéria.**)

Et cette femme (la Sunamite) conçut, et elle enfanta un fils. Or, l'enfant grandit, et un jour qu'il était sorti avec son père, qui était avec les moissonneurs, il lui dit : « J'ai mal à la tête, j'ai mal à la tête. » Son père dit à un de ses serviteurs : « Prenez cet enfant, et conduisez-le vers sa mère. » Il le prit et le porta à sa mère; et sa mère l'ayant gardé sur ses genoux jusqu'à midi, il mourut.

(Les Rois, liv. IV, chap. IV.)

Nº 874. — Une Scène de Henri VIII. — (M. **Eugène Devéria**.)

Le cardinal Wolsey se présente devant Catherine. Il lui propose de quitter un moment les dames qui l'entourent et de passer dans un autre appartement pour recevoir une communication. On connaît la réponse de la reine, si énergiquement rendue par Shakspeare :

« Parlez ici, répond-elle en se dressant fièrement devant le cardi-
» nal; je n'ai encore sur la conscience rien qui nécessite le secret. Je
» voudrais que toute autre femme pût parler avec la même liberté
» d'âme. »

Nº 887. — Galathée. — (M. **Diaz de la Pena**.)

Étude de femme.

Nº 890. — L'Amour puni. — (M. **Diaz de la Pena**.)

Une jeune nymphe, qui sans doute a eu à se plaindre des méchants tours du dieu, lui coupe les ailes.

Nº 943. — Le Dernier Relais, route de Lyon. — (M. **Dubuisson**.)

Cinq chevaux percherons sont entre les mains des postillons, à l'entrée d'une cour de poste, sur la route de Grenoble à Lyon ; ils attendent une diligence que l'on voit arriver à travers un nuage de poussière.

Au fond du tableau passe, sur une ligne d'aqueducs, le chemin de fer, qui marche à toute vapeur. Il va détrôner la diligence dans bien des endroits, mais il y en a d'autres où elle régnera encore longtemps pour fournir à des peintres comme M. Dubuisson l'occasion de donner de bonnes et vigoureuses études.

Nº 962. — Entrée du port de Marseille. — (M. **Durand-Brager**.)

Le soleil se lève et les navires, surpris par un coup de mistral, s'empressent de rentrer au port.

Nº 1202. — Invasion, défaite des Cimbres. — (M. **Garipuy**.)

Les champs de Pourières, près d'Aix en Provence, furent les témoins de cette effroyable tuerie. Marius encourage ses légions, qui poursuivent sans pitié leur œuvre de destruction. Partout la mort, la mort inévitable, sous les aspects les plus terribles.

Nº 1231. — La Délivrance. — (M. **Gendron**.)

Ce sujet est tiré des contes de fées. Un guerrier, monté sur un hippogriffe, vient de délivrer une nouvelle Andromède, qui sent son cœur touché d'amour pour son libérateur.

N° 1362. — *Vive la fermière!* — (M. **Guérard.**)

Les campagnes ont leurs fêtes. On ne manque jamais de célébrer les événements qui occupent si utilement la vie des agriculteurs. On connait déjà la *gerbaude,* en grand honneur dans le département du Cher. Dans celui d'Ille-et-Vilaine, le jour où l'on termine le battage des grains s'appelle la *parbatte.* La fermière, dans ses plus beaux atours, a parcouru son empire, visité ses richesses, ces meules qui recèlent la nourriture et la vie pour tant d'autres. On les a couronnées de fleurs et de rubans. On improvise un trône rustique, de robustes travailleurs le soutiennent sur leurs épaules. *Vive la fermière!* crient les batteurs et les vanneuses en formant des rondes autour de cette souveraine qui va être fêtée et bénie par tous ces braves gens.

N° 1386. — *Pluie et bon temps.* — (M. **Haffner.**)

Ceci vous prouve, jeunes filles, qu'il n'est pas toujours prudent de donner un abri au chasseur sous un grand parapluie rouge.

N° 1572. — *Le Salat el Moghreb, au Caire.* — (M. **Huysmans.**)

Au coucher du soleil, le musulman quitte sa pipe et ses babouches, se prosterne la face contre terre et fait la prière du soir.

N° 1576. — *Incendie du steamer l'Austria.* — (M. **Eugène Isabey.**)

Ce sinistre, dont les journaux racontèrent les détails l'année dernière, eut lieu le 13 septembre 1858. Parti le 2 de Hambourg avec six cents passagers, l'*Austria* faisait route pour New-York, lorsque, le 13, le feu éclata à bord avec une telle violence, que le navire ne fut bientôt qu'un brasier. Tous les passagers périrent, à l'exception de soixante-seize, qui purent être sauvés par le navire français *le Maurice,* arrivé quelques heures après l'incendie de l'*Austria.*

N° 1608. — *Le Phénicien et l'Esclave.* — (M. **Jeanron.**)

Ce sujet est tiré de l'Odyssée. Un jeune Phénicien cherche à entraîner une esclave en lui faisant espérer de la ramener dans ses foyers. Elle lui répond : « Je consentirais volontiers à te suivre, ô nautonnier, si tu me promettais par un serment de me conduire dans ma patrie! »

N° 1609. — *Gozzo, autrefois île de Calypso.* — (M. **Jeanron.**)

Les pêcheuses qui l'habitent aujourd'hui semblent encore assez jolies, dans la pureté de leur type grec, pour retenir de nouveaux Ulysses.

N° 1610. — *La Plaine avant l'orage.* — (M. **Jeanron.**)

Un groupe de paysans prend tranquillement son frugal repas, tandis que de gros nuages amoncelés ne leur laisseront certainement pas le temps de rentrer dans leur chaumière.

Nº 1916. — *Les Moissonneurs*. — (M. **Adolphe Leleux.**)

Dans une riche campagne de la basse Bretagne, des moissonneurs sont occupés à couper les épis.

Il y a, du même artiste, deux autres tableaux : *Un Marché de bestiaux*, en basse Bretagne (Nº 1915); des *Bûcherons à l'heure du repas*, scène de la Bourgogne (Nº 1917).

Nº 1991. — *La Courtisane romaine*. — (M. **Alphonse l'Huillier.**)

Nonchalamment couchée, elle goûte le repos et la fraîcheur.

Nº 2063. — *Un Foyer de saltimbanques*. — (M. **Magy.**)

Pauvre foyer! qu'il est loin de ressembler au plus modeste foyer du plus humble des théâtres! Il a pour plafond le ciel; pour murs, quelques toiles. C'est le derrière de la baraque où l'on exécute les tours de force, d'adresse, d'agilité, pour le plus grand plaisir des promeneurs de la foire. Il y a entr'acte. Le paillasse — il est peut-être en même temps directeur et administrateur — donne, dans un vieux sac, un maigre picotin aux deux pauvres chevaux chargés de promener le théâtre et les acteurs de village en village.

Deux des sujets de la troupe, une jeune fille, un jeune garçon, en costume, se reposent en causant de leurs succès ou plutôt de l'espérance d'une recette.

Nº 2064. — *Le Pressoir*. — (M. **Magy.**)

Beaucoup de gens, peut-être, préféreront l'aspect de cette scène peinte par le même artiste. C'est une ferme en Provence. De vigoureux compères ont entassé le raisin dans le cuvier; ils le foulent, et déjà la liqueur vermeille coule de toutes parts. Il y a là des résultats plus positifs que dans les exercices du saltimbanque et de ses pensionnaires.

Nº 2112. — *Bataille du lac de Thrasimène*. — (M. **Benedict Masson.**)

Tite-Live a donné un récit aussi énergique que précieux de cette bataille, qui ne fut qu'un massacre de plusieurs heures. Tous les efforts des assaillants s'étaient portés sur le point où Flaminius s'était retranché avec ses plus intrépides soldats.

Nº 2195. — *Caupolican, chef des Araucaniens, prisonnier des Espagnols*. — (M. **Monvoisin.**)

Revenu depuis peu de temps de l'Amérique du Sud, qu'il habitait depuis bien des années, l'artiste a rappelé une scène de l'histoire des peuples au milieu desquels il a vécu.

Caupolican a été pris avec une foule de ses sujets. On l'a garrotté, et il est étendu sur un brancard, sans pouvoir faire un mouvement.

En apprenant cette nouvelle, sa femme s'est empressée d'accourir à sa rencontre. En véritable Indienne, elle ne lui adresse aucune parole de tendresse et de consolation. Exaspérée par le spectacle qui frappe ses regards, elle a saisi son fils et s'apprête à le jeter sur le malheureux prisonnier. — « Voici ton enfant, lui dit-elle, je te le rends. Je » ne puis ni ne veux prendre soin du fils d'un lâche ! »

N° 2559. — *Hirondelles d'hiver.* — (M. **Reynaud.**)

Singuliers oiseaux que ceux-là qui, rassemblés sur une hauteur, saluent les monuments de la capitale frappant leurs regards pour la première fois. Les voilà près de ce Paris où ils espèrent faire récolte de quelque argent. Ils le rapporteront plus tard dans leur pays. Ce sont des enfants de la Savoie. Leurs moyens de fortune ne sont pas brillants. Celui-ci possède une marmotte, celui-là une vielle ; les autres ont une planchette sur laquelle danseront des marionnettes, un tambour de basque, un petit chien savant orné d'une housse aux couleurs bariolées .. Pauvres hirondelles ! les chemins de fer ont tué votre industrie. Les enfants de la Savoie, leurs marmottes et leurs vielles, souvenirs de notre enfance, seront bientôt inconnus dans la grande ville sur laquelle vous avez fondé vos espérances de bien-être et de repos.

N° 2635. — *Un Déjeuner.* — (M. **Philippe Rousseau.**)

Il est dressé dans une élégante salle à manger. La table est couverte de mets choisis et succulents, de flacons aux couleurs vermeilles... Mais les convives ne sont ni d'élégants chasseurs ni des femmes charmantes ; ce sont des chiens de différentes espèces, lévriers, barbets, chiens de chasse. En l'absence du maître et des domestiques, cette société, assez mal élevée, est montée sur la table et attaque les plats avec autant d'impudence que de voracité. Il y a surtout deux de ces convives malappris qui se disputent un homard avec rage.

Mais le bruit de la dispute a éveillé l'attention. Le concierge a déchaîné le dogue de la cour ; et celui-ci, entrant comme un ouragan, vient interposer son autorité. On se sauve, on renverse les chaises, mais gare les coups de fouet !

N° 2637. — *Ferme dans les Landes.* — (M. **Théodore Rousseau.**)

De loin en loin, dans ces longues bruyères que le paysan parcourt sur des échasses, se rencontrent de ces riantes oasis.

N° 2641. — *Lisière de bois, plaine de Barbison, près Fontainebleau.* — (M. **Théodore Rousseau.**)

Déjà les feuilles tombent, le froid va venir, et les paysans font leur provision de fagots pour l'hiver.

N° 2645. — *Épisode de la Fronde, matinée du 27 août 1648.* — (M. **Roux.**)

Trois personnages sont réunis dans un grenier démeublé, et trois personnages qui ont eu leur célébrité dans le temps, le chancelier Séguier, l'évêque de Meaux et la duchesse de Sully, fille du chancelier.

C'est à l'époque des troubles de la Fronde. Poursuivi par le peuple à l'occasion de l'arrestation du conseiller Broussel, le chancelier a trouvé un asile dans l'hôtel de Luynes. Supposant sa vie en danger, il se confesse à son frère, pendant que sa fille fait le guet contre la porte du grenier.

Fort heureusement, les trois captifs purent être délivrés.

N° 2646. — *Hosanna.* — (M. **Louis Roux.**)

Dans le chœur d'une église et en pleine lumière, un prêtre et des enfants de chœur exécutent les chants sacrés. Sur le premier plan, assis ou agenouillés, sont des fidèles attentifs et émus. Parmi eux se font remarquer un jeune homme, une jeune fille, dont les visages expriment une pieuse extase.

N° 2739. — *Bretons baignant leurs chevaux dans la mer.* — (M. **Schutzenberger.**)

Ces animaux entrent avec répugnance dans l'eau salée, dont les vagues les étonnent ou les effrayent.

N° 2895. — *La Famille.* — (M. **Trayer.**)

On est à l'époque des vacances. Une nombreuse famille est réunie dans le grand salon. Autour d'une table, près de l'aïeule, sont les jeunes filles se livrant à des travaux de broderie et de tapisserie. De l'autre côté les jeunes gens causent de leurs promenades, de leurs projets. Une jeune femme souriante présente son enfant au grand-père.

N° 2985. — *Les Grandes Eaux à Saint-Cloud.* — (M. **Viollet le Duc.**)

Chacun connait ce spectacle, auquel se pressent à la fois belle dame, troupier, bonne d'enfant et dandy.

N° 3034. — *Gallipoli ; effet de soleil couchant.* — (M. **Ziem.**)

Le soleil dore encore de sa chaude lumière les eaux bleues des Dardanelles, et se joue dans les couleurs vives du costume musulman.

Salon N° 3.

N° 267. — *Le Baptême de Jésus-Christ.* — (M. **Biennoury.**)

N° 297. — *Le Roi d'Yvetot.* — (M. **Émile Boniface.**)

Monté sur le plus débonnaire de tous les ânes, ce vieillard à la face réjouie, à la brillante santé, au bonnet de coton blanc qui lui sert de couronne, c'est le monarque populaire, chanté, immortalisé par Béranger. Ses sujets se pressent sur son passage : les femmes lui sourient ; les jeunes filles l'agacent ; les hommes boivent à la continuation de sa prospérité.

N° 300. — *L'Amour et Psyché.* — (M. **Bonnegrace**)

La belle jeune fille est seule debout dans une campagne. L'Amour passe, invisible aux yeux de celle qu'il aime, et lui ravit un baiser.

N° 358. — *Roméo et Juliette.* — (M. **Louis Boulanger.**)

Les deux amants ont aperçu les premières lueurs de l'aurore. Il faut se quitter. Juliette accompagne son cher Roméo jusqu'à l'extrémité de la terrasse qui s'étend devant son appartement. Au moment de la séparation, ils se donnent un dernier baiser.

N° 363. — *Portrait de M. Granier de Cassagnac.* — (M. **Louis Boulanger.**)

N° 375. — *La Nativité.* — (M. **Bourcart.**)

Les anges avaient annoncé aux bergers la naissance de Jésus. Lorsque les anges se furent retirés, les bergers se dirent entre eux : « Allons jusqu'à Bethléhem, et voyons ce prodige qui est arrivé. » Ils vinrent en hâte, et trouvèrent Marie, Joseph et l'Enfant.

N° 376. — *Jésus enfant parmi les docteurs de la loi.* — (M. **Bourcart.**)

Le père et la mère du Sauveur avaient coutume de se rendre tous les ans à Jérusalem, à la fête de Pâques. Un jour qu'ils eurent achevé leur dévotion, ils s'en revenaient paisiblement, croyant que Jésus était avec eux. Mais, en route, ils s'aperçoivent de son absence ; car Jésus, qui avait douze ans, était resté au temple parmi les docteurs, les écoutant et les interrogeant.

N° 480. — *Colomba.* — (M. **Caminade.**)

Cette scène est tirée d'un roman de M. Mérimée. La jeune fille, seule dans sa chambre avec son frère, a tiré d'un coffre les reliques pieusement conservées, mais qui renouvellent ses douleurs : c'est la chemise sanglante de son père, ce sont les balles qui ont frappé mortellement le vieillard.

N° 533. — *La Fuite en Egypte.* — (M. **Romain Cazes.**)

Hérode avait résolu la perte de Jésus, dont la naissance lui portait ombrage. Mais un ange apparut à Joseph pendant son sommeil, l'avertit du danger, et lui ordonna de fuir. Joseph, se levant, prit l'Enfant et la Mère durant la nuit, et se retira en Égypte.

N° 534. — *Les Trois Ages de la Vie : le Passé, le Présent et l'Avenir.* — (M. **Romain Cazes.**)

Ne te hâte pas, jeune fille, de percer le voile de l'avenir; le présent heureux s'enfuit bien vite. Puisse un jour le souvenir compter autant de beaux jours que de mauvais!

N° 661. — *L'Amour vaincu.* — (M. **Alexandre Colin.**)

Les dédains, les mépris, l'indifférence, ne suffisent pas à cette belle jeune femme pour prouver à l'Amour qu'elle se soucie peu de ses attaques. Elle emploie les supplices, et quels supplices! Elle traite le dieu ni plus ni moins que s'il était un hérétique. Elle l'a attaché à un arbre; puis, sous cet arbre, elle a placé des fagots; elle y a mis le feu, et voilà l'Amour qui va flamber et rôtir comme un brigand, comme un voleur. Comment échappera-t-il aux tortures qu'on lui fait subir et qui vont pour toujours nous débarrasser de lui?

N° 662. — *L'Amour triomphant.* — (M. **Alexandre Colin.**)

Il a été sauvé du bûcher! Par quel moyen, par quelle ruse? Je ne saurais le dire; mais, à peine libre, le méchant dieu n'a eu qu'une pensée, celle de se venger de son juge et de son bourreau. Il y est parvenu et il use de son pouvoir avec son audace et son impertinence accoutumées. La jeune femme est étendue sur un tertre de gazon. Sa tête est penchée, languissante. L'Amour appuie ses petits pieds sur son cou, sur son sein; il la foule avec une sorte de rage. Il a reconquis sa proie; elle ne saurait lui échapper désormais.

N° 731. — *Les Orphelins.* — (M. **Charles Crauk.**)

Dans cette froide et triste chambre, sur ces deux vieilles chaises, était étendu, tout à l'heure, un cercueil. Pauvres enfants! ils ont veillé seuls auprès de la dépouille de leur père ou de leur mère. Puis les porteurs sont venus enlever ces restes chéris. Les orphelins n'ont plus de protection, plus d'appui! Leur vie commence sous de funèbres auspices.... que vont-ils devenir?

N° 869. — *Remords de Charles IX.* — (M. **Detouche.**)

Retiré dans une salle du château de Vincennes, triste et soucieux, assis près d'une fenêtre, et se rappelant les sanglants événements qui viennent de signaler si fatalement son règne, Charles refuse de répondre à sa mère qui semble craindre de l'approcher. Il y a entre eux tout le sang des victimes de la Saint-Barthélemy.

N° 1043. — *Délivrance de saint Pierre.* — (M. **Faverjon.**)

Suivant la tradition, le prince des Apôtres est délivré de la prison dans laquelle il était entouré de gardes par un ange qui remplit le cachot d'une divine lumière et permet au saint de suivre le chemin que lui indique l'Envoyé de Dieu.

N° 1267. — *Une Glissade.* — (M. **E. Girardet.**)

Petits imprudents, ils vont se casser le nez, loin de prendre exemple sur le sage vieillard qui, du reste, dans son temps a peut-être bien glissé comme eux. Qu'importe! est-ce de leur âge que songer à cela? — Aussi, gare la correction!

N° 1291. — *Trahison de Dalila.* — (M. **Léon Glaize.**)

L'auteur de ce tableau est un jeune homme de dix-sept ans qui n'a pas craint, pour son début, de traiter un sujet dont se sont occupés, avant lui, les plus grands maîtres.

Enivré par les caresses de la perfide Dalila, Samson s'est endormi sur les genoux de la courtisane. Elle a profité de son sommeil pour lui couper les cheveux. Il n'y a plus rien à craindre de sa force prodigieuse.

Dalila se soulève alors à moitié et appelle les misérables qui veillaient autour d'elle. Tous accourent avec des cordes pour saisir le héros et le livrer à ses ennemis.

N° 1294. — *Céphale et Procris.* — (M. **Gluck.**)

Céphale était fils de Mercure et de la nymphe Hersé. Il devint le mari de Procris, fille d'Erechthée. N'ayant pas voulu, par amour pour sa femme, répondre aux coquetteries de l'Aurore, il éprouva la vengeance de la déesse. Minos, à l'instigation de celle-ci, avait donné à Procris un dard qui faisait de mortelles blessures. La malheureuse femme fit présent à son mari de cette arme fatale. Un jour que Procris, quelque peu jalouse, était cachée dans le feuillage pour épier Céphale, qui aimait la chasse avec passion, celui-ci crut qu'un animal était près de lui : il lança le trait et tua la pauvre Procris. De désespoir lui-même se frappa.

Suivant la mythologie, Jupiter métamorphosa les deux époux en astres.

N° 1378. — *Col du Marcadon.* — (M. **Guillaume.**)

Ce passage, d'un aspect aussi sombre que sinistre, est situé dans le département des Hautes-Pyrénées. Les gens à figure pâle et souffrante qui le traversent à pied ou montés sur des mules sont des Espagnols malades qui se rendent aux eaux de Cauterets.

N° 1838. — *Reniement de saint Pierre*. — (M. **Lazerges**.)

Jésus a été arrêté, garrotté, et les gardes le conduisent au prétoire. Sur le côté droit du tableau, Pierre, qui a suivi son maître jusqu'à la porte du tribunal, pressé par les questions de quelques personnages qui l'entourent, renie celui auquel il avait promis une éternelle fidélité.

De l'autre côté du tableau, Judas s'échappe furtivement du prétoire en emportant dans une bourse le prix de son infâme trahison.

N° 1839. — *Dernières Larmes de la Vierge*. — (M. **Lazerges**.)

Figures à mi-corps. La Vierge est entrée dans la grotte qui contient le cercueil de pierre dans lequel on a déposé le corps de son divin fils. Elle soulève le linceul qui le couvre et contemple avec douleur la tête du Sauveur éclairée par la lumière d'une lampe.

N° 1926. — *Mort d'Homère*. — (M. **Leloir**.)

Le prince des poëtes grecs, le modèle et le désespoir de tous les autres, le génie sublime auquel sept villes de la Grèce se disputaient l'honneur d'avoir donné le jour, Homère, meurt ici abandonné, aveugle, sans secours. Il est étendu sur le chemin blanchi par la neige. A ses pieds sa lyre est brisée; ses poésies sont en lambeaux.

N° 2010. — *Vision d'Ézéchiel*. — (M. **Lobrichon**.)

Le troisième des grands prophètes hébreux, Ézéchiel, dans sa jeunesse, fut emmené captif à Babylone, avec Jéchonias. Dieu lui accorda le don de prophétie, pendant qu'il était sur le fleuve Chobar avec ses compagnons de captivité. Il eut aussi des visions qu'il leur raconta.

Ses prophéties ont été réunies en quarante-huit chapitres. Le verset 10 de la trente-septième contient ce passage qui a inspiré l'artiste :

« Je prophétisai donc comme le Seigneur me l'avait commandé, et en même temps l'esprit entra dans ces os. Ils devinrent vivants et animés; ils se tinrent tout droits et sur leurs pieds, et il s'en forma une armée. »

Et, en effet, devant le prophète, les cheveux hérissés, les bras tendus, dans une immense vallée, éclairée d'une façon mystérieuse, s'élèvent de toutes parts des fantômes qui se dressent à son commandement.

N° 2071. — *L'Impératrice Théodora*. — (M. **Maison**.)

Ce palais à l'architecture singulière, ces costumes d'une grande exactitude historique, nous reportent aux temps de Byzance, de ses séditions, de ses révolutions fréquentes.

Justinien régnait alors. Il avait pour épouse Théodora, femme diversement jugée par les historiens, et présentée à la fois comme un bizarre mélange d'énergie et de dissolution. La plus grande partie de sa vie fut livrée au désordre, et cependant elle déploya un grand courage dans des circonstances décisives.

Une révolte presque générale mit, en 532, Justinien à deux doigts de sa perte. Près de la moitié de Constantinople fut incendiée à cette époque. L'empereur, de l'avis de son conseil, était décidé à fuir la ville avec ses richesses pour rejoindre Bélisaire. Théodora les en empêcha tous par cette vigoureuse allocution : « Fuyez, allez » mener une existence errante et misérable; pour moi, alors même » qu'il n'y aurait aucune chance de salut, je suis impératrice, et je » mourrai sur le trône. »

N° 2107. — *Un Théâtre d'enfants aux Champs-Élysées.* — (M. **Massé.**)

On peut vérifier l'exactitude de la scène en quittant les salles de l'Exposition. De l'autre côté de l'avenue sont les spectacles de Guignol et de Gringalet. Sur deux bancs sont rangés les spectateurs. Quelle joie, quels transports à la vue des hauts faits de Polichinelle et de son compère! Le théâtre n'est ici que l'accessoire. On ne voit qu'un bout de la tête de Polichinelle. Le peintre ne s'est occupé que du petit public, des bonnes qui le surveillent, et de *messieurs* les militaires, qui surveillent à leur tour et de très-près les surveillantes.

N° 2138. — *Meurtre de Rizzio.* — (M. de **Medine.**)

La reine était à souper avec quelques dames, quelques seigneurs. David Rizzio, son secrétaire, — son favori, affirment quelques historiens, — était auprès d'elle. Tout à coup, Henri Darnley, ce cousin dont Marie avait fait un roi en lui accordant sa main, se précipite dans la salle et donne l'ordre aux hommes qui l'accompagnent, à lord Ruthven, qui ne recula pas devant cette sanglante mission, de tuer Rizzio. En vain la reine ordonne; en vain le malheureux secrétaire se fait un rempart du corps de sa souveraine qu'il étreint avec désespoir : il va tomber frappé de cinquante-six coups de poignard et d'épée.

Cette sanglante tragédie, commencée au milieu des joies d'un festin, se termina par le supplice de plusieurs des meurtriers de Rizzio.

N° 2259. — *La Fileuse.* (M. **Node.**)

Il est imprudent, quand il fait chaud, de s'asseoir devant la porte de sa maison. On commence par filer; mais la fatigue, l'accablement arrivent; on se découvre un peu pour se procurer de la fraîcheur, puis on s'endort. Alors le chat de la maison, ne se voyant plus surveillé, saute sur la petite fenêtre, renverse le pot au lait, effraye le serin favori dont il aurait envie de faire un déjeuner.... et même quelque audacieux passant pourrait bien profiter de l'occasion pour commettre un autre larcin. Jeunes filles, jeunes femmes, ne dormez pas ainsi en plein air!

Nº 2303. — *Palissy.* — (M. **Pantin-Fontenay.**)

Ce fait a été raconté et représenté bien des fois. L'habile et savant potier est dans une cour, agenouillé devant son four, les manches relevées, alimentant l'ardeur du foyer nécessaire à la cuisson de ses poteries avec le bois de son jardin, avec ses meubles qu'il a brisés, car son bûcher était vide et il n'avait pas les moyens de le remplir.

Dans ses ouvrages, que l'on a réunis sous le titre de *Mémoires de Bernard Palissy,* le pauvre inventeur a raconté avec une douloureuse exactitude les angoisses sans nombre qu'il éprouva avant d'arriver au succès.

Nº 2733. — *Arrivée de la Reine de Saba à la cour de Salomon.* — (M. **Schopin.**)

Cette reine noire, nous dit l'Histoire sainte, vint apporter de riches présents à Salomon, pour rendre hommage à la sagesse de ce prince.

Nº 2751. — *Vue de Grenade.* — (M. **Sebron.**)

L'Espagnole danse en s'accompagnant du bruit des castagnettes ; les paysans savourent le fruit de l'oranger ; don Basilio, au long chapeau, se glisse contre la muraille. Pleurez de rage, Maures qui fûtes repoussés loin des tombes de vos aïeux, Grenade la belle n'est plus à vous !

Nº 2910. — *Junius Brutus.* — (M. **Ulman.**)

Est-ce le fameux Brutus, l'un des assassins de César, que l'artiste a voulu désigner par cet homme assis, enveloppé dans sa toge, paraissant réfléchir profondément et regardant deux cadavres étendus à ses pieds ? L'explication donnée par M. Ulman ne permet pas de répondre à cette question. Il a placé au bas de l'indication de son œuvre cette phrase un peu obscure :

« La vue de nos propres souffrances, quand nous en sommes les seuls auteurs, est un surcroît de peine. »

Nº 2913. — *Mort de François II.* — (M. **Ulysse.**)

Ce fils de Henri II et de Catherine de Médicis, né à Fontainebleau en 1544, mourut le 5 décembre 1560. Il ne régna que dix-huit mois, et succomba aux suites d'un violent mal à l'oreille.

Le jeune prince est étendu dans son lit, auprès duquel est agenouillée Marie Stuart. Sur le premier plan du tableau, Catherine de Médicis, ayant autour d'elle plusieurs seigneurs, de hauts dignitaires de l'Église, semble répondre à Ambroise Paré, le célèbre chirurgien, qui lui propose sans doute de tenter l'opération du trépan.

Salon N° 4.

N° 1. — *Les Saintes Femmes au Calvaire.* — (M. **Marius Abel.**)

La Vierge et ses compagnes quittent le Calvaire et se dirigent vers Jérusalem, qui apparaît dans le lointain comme enveloppée d'une atmosphère sanglante.

N° 110. — *Apothéose de saint Louis.* — (M. **Raymond Balze.**)

Ce tableau, commandé par le Gouvernement, est destiné à la décoration de la chapelle de l'École militaire. La Piété, la Justice et les Anges accompagnent et soutiennent le saint roi.

N° 143. — *Débarquement de l'armée française à Old-Port.* — (M. **Barrias.**)

Ce premier épisode de l'immortelle campagne de Crimée eut lieu le 14 septembre 1854. A huit heures du matin, le pavillon français, planté par les mains du général Canrobert, flottait sur la terre étrangère.

Dans le lointain, la mer couverte de vaisseaux, de barques, de canots, qui opèrent le transport des troupes ; sur le rivage, les corps prenant les alignements qui leur ont été indiqués ; le 20ᵉ de ligne en tête. Tous défilent devant le maréchal Saint-Arnaud, déjà débarqué et à cheval, ainsi que le général Canrobert et le prince Napoléon. C'est aux cris de *Vive l'Empereur !* que les soldats passent au pas de course devant le maréchal et son état-major.

N° 156. — *Apparition de Notre Seigneur Jésus-Christ à ses disciples.* — (M. **Battaille.**)

On lit dans l'Évangile selon saint Jean : « ..... Sur le soir, les portes du lieu où les disciples étaient assemblés étant fermées de peur des Juifs, Jésus vint et se tint au milieu d'eux, et leur dit :

« La paix soit avec vous ! »

» Et lorsqu'il eut ainsi parlé, il leur montra ses mains et son côté.... »

N° 170. — *Le Denier de la veuve.* — (M. **Baumes.**)

Sujet de la parabole de l'Évangile.

Près de l'entrée du temple, on a placé un tronc pour les pauvres. Une femme vêtue de deuil, accompagnée d'un enfant, passe et s'arrête !... C'est une veuve, pauvre sans doute, et qui a bien besoin de toutes ses ressources. Mais elle pense qu'il existe des êtres plus malheureux qu'elle, et elle dépose sa modeste offrande. Personne ne l'a vue ... Elle se trompe. Plus loin, passait Jésus-Christ avec un de ses disciples. La bonne action de la veuve ne lui a point échappé, et il la bénit.

N° 233. — *Le Pécheur repentant.* — (M. **Béranger.**)

Deux anges viennent le visiter dans sa prison : l'un lui présente une croix, l'autre lui montre le ciel. Le malheureux, les yeux levés, les mains jointes, prie et espère.

N° 246. — *Funérailles de Buon del Monte.* — (Mme **Henriette Bertaut.**)

Sur un vaste char, au milieu d'une foule immense, on aperçoit le cadavre d'un jeune homme ; près de ce cadavre une femme en deuil, debout, les cheveux épars.

Il y avait à Florence, vers 1200, deux familles qui nourrissaient l'une contre l'autre des haines terribles : les Buon del Monte et les Uberti. On crut les réconcilier en faisant épouser une Uberti par un del Monte ; mais le jour des noces, le marié fut tué par ses nouveaux parents.

Alors le chef des del Monte plaça le cadavre de son fils sur un char et le promena par les rues de Florence, demandant vengeance à tous les siens.

N° 275. — *Martyre de saint Pothin.* — (M. **Bin.**)

Pendant sa vieillesse, le saint qui avait, dès le premier siècle, prêché l'Évangile dans les Gaules, était à la tête de l'Église de Lyon. Ayant déplu au gouverneur de la province, il fut renversé, frappé, traîné dans une prison. Il ne tarda pas à y trouver la mort.

N° 351. — *Apparition du Christ aux saintes femmes.* — (M. **Louis Boulanger.**)

Lorsque le jour du sabbat fut passé, Marie-Madeleine, Marie, mère de Jacques, et Salomé, achetèrent des aromates pour venir embaumer Jésus. En entrant dans le sépulcre, elles aperçurent un jeune homme, et elles furent effrayées. Mais il leur dit : « Ne craignez rien ; vous cherchez Jésus de Nazareth crucifié ; il est ressuscité. »

N° 369. — *Le Baptême du Christ.* — (M. **Émile Bouquet.**)

Or, Jean avait un vêtement de poil de chameau et une ceinture de cuir autour des reins. Jésus vint de la Galilée au Jourdain, vers Jean, pour être baptisé par lui. Jean obéit.

N° 397. — *Le Repos en Égypte.* — (M. **Auguste Boyer.**)

La Vierge, l'enfant Jésus, saint Joseph, se sont endormis à l'ombre d'un bouquet de palmiers. Derrière eux des anges font entendre un concert.

N° 403. — *La Fuite en Égypte.* — (M. **Brémond.**)

N° 427. — *Convalescence.* — (M. **Brongniart.**)

Deux religieuses de Saint-Joseph se promènent dans le jardin de la communauté. L'une, jeune et bien portante, prête le secours de son bras à sa compagne, pâle et affaiblie par une longue maladie.

N° 429. — *Portrait de monseigneur l'évêque d'Amiens. —* (M. **Brossard.**)

N° 500. — *Saint Paul, frappé de cécité sur la route de Damas, entend la voix de Dieu et se convertit. —* (M. **Cartellier.**)

N° 541. — *Moines se rendant à l'office de nuit. —* (M. **Jules Chamerlat.**)

Effets de nuit et de lumière. Les moines ont quitté les bâtiments des couvents et traversent la cour pour se rendre à la chapelle, dont la porte ouverte laisse apercevoir la lueur projetée par les lampes et les cierges. L'un des jeunes moines soutient un de ses frères que l'âge a déjà courbé et affaibli.

N° 544. — *Apparition du Christ à Marie-Madeleine. —* (M. **Benoît Chancel.**)

Marie-Madeleine était debout hors du sépulcre, pleurant. Et elle se retourna et vit Jésus debout, et elle ne savait pas que ce fût lui.

N° 551. — *La Sainte Vierge. —* (M. **Auguste Charpentier.**)

Le visage de Marie rayonne d'un éclat divin, sa bouche a le sourire imperceptible de la béatitude : on ne sait si c'est elle, on la regarde, et on devine la Mère du Sauveur.

N° 587. — *Charles XII. —* (Mlle **Maria Chenu.**)

L'anecdote est connue. Le secrétaire du roi de Suède, qui n'avait pas le sang-froid dont Junot donna plus tard une preuve si originale à Napoléon Ier, écrivait, lorsqu'une bombe éclata sur la maison occupée par le roi. Le secrétaire effrayé s'arrêta court.

« Qu'avez-vous ? dit Charles XII.

— Eh ! sire, la bombe !...

— Qu'a de commun la bombe avec ce que je vous dicte ?... Continuez !... »

N° 663. — *Portrait de monseigneur Cœur, évêque de Troyes. —* (M. **Alexandre Colin.**)

N° 734. — *Martyre de sainte Macre. —* (M. **Crespelle.**)

La mort de cette sainte femme eut lieu à Fismes, ville qui fait partie du diocèse de Reims, vers l'an 300, à l'époque de la cruelle persécution de Dioclétien. Jetée dans le feu sans pouvoir être consumée, grâce à une protection divine, elle fut livrée aux plus atroces supplices, et enfin enfermée dans une prison : c'est là qu'elle est visitée par un ange.

Ce tableau, commandé à l'artiste par un sincère et bienveillant protecteur des arts, M. Adolphe Moreau, a été donné à l'église de Fère en Tardenois.

N° 772. — *Le Christ au jardin des Oliviers.* — (M. **Dauphin.**)

Jésus est au commencement de sa passion. Il est entré au jardin des Oliviers, puis il a dit à ses disciples de l'attendre. Seul, il s'est agenouillé sur la terre, et supplie son Père d'écarter de ses lèvres l'amer calice qu'on lui présente.

N° 794. — *La Madeleine.* — (M. **Dedreux-Dorcy.**)

Dans une grotte, la pécheresse repentante, prosternée sur les rochers, semble abîmée dans une profonde douleur. Un groupe de curieuses jeunes filles l'observe à l'entrée.

N° 830. — *Saint Jérôme.* — (M. **Delamarre.**)

Agenouillé près d'un rocher, le saint vieillard regarde le ciel. Sa main droite tient la pierre qui sert à frapper son corps.

N° 843. — *L'Assomption.* — (M. **Denizard.**)

Après sa mort, Marie, modèle de toutes les vertus sur la terre, fut transportée au ciel. Plus belle dans l'immortalité, elle semble planer sur le monde pour le protéger. Le *vœu de Louis XIII* a consolidé en France la croyance de l'*Assomption.*

N° 952. — *Charles-Quint à Saint-Just.* — (M. **Eugène Dumoulin.**)

Ce vigoureux vieillard, assis dans le préau du couvent, et auprès duquel se tiennent respectueusement debout trois religieux, c'est le roi des Espagnes et des Indes, c'est le père de Philippe II, c'est Charles-Quint. Après son abdication, il s'est retiré dans le couvent de Saint-Just. Les papiers sur lesquels il écrit vont devenir le codicille de son testament. Tristes pages ! Elles sont destinées à renfermer les conseils que donne l'ancien roi à son fils sur la conduite à tenir envers ce que l'on appelait alors les hérétiques. On sait avec quelle froide cruauté Philippe II les suivit pendant presque tout son règne.

N° 969. — *Visite de Sa Majesté l'Impératrice à l'hôpital Sainte-Eugénie.* — (M. **Du Sautoy.**)

Cette institution, fondée dans l'un des quartiers les plus populeux de la capitale, est consacrée aux femmes malades et placée sous la protection de l'Impératrice. Sa Majesté s'y rend souvent. Debout sous le vestibule avec les dames qui l'accompagnent, elle est entourée des petites malades, de leurs mères, qui la bénissent et reçoivent ses conseils, ses encouragements. La présence seule de la jeune et charmante souveraine a déjà donné la tranquillité, la confiance, l'espoir aux infortunées qui viennent solliciter, pour les êtres les plus chers, les secours de la science, les consolations de la charité, la protection de la toute-puissance.

N° 1002. — *Le Christ prêchant sur le lac de Génézareth.* — (M. **Antoine Etex.**)

Sculpteur, peintre, architecte, dessinateur, lithographe même,

M. Etex a montré ici Jésus, de la barque où il se trouve avec les Apôtres, apportant la bonne nouvelle aux pauvres populations du rivage.

N° 1050. — *Saint Louis et son frère Robert transportant la couronne d'épines à Notre-Dame de Paris. — (M. **Féragu**.)*

Le pieux cortége arrive devant le portail de Notre-Dame après avoir solennellement traversé les rues garnies d'une foule empressée. L'évêque, le clergé, s'apprêtent à recevoir la précieuse relique obtenue après tant de peines et de fatigues. Le roi et son frère, la couronne en tête, vêtus de somptueux habits, portent sur leurs épaules une châsse merveilleusement travaillée. La couronne du Sauveur est placée sur un coussin. La reine marche à quelque distance, suivie des dames et des seigneurs.

N° 1139. — *Funérailles du vieux soldat. — (M. de **Frenne**.)*

Dans une chapelle de l'église des Invalides, une modeste bière, supportée par un brancard, est placée devant l'autel. Une croix d'honneur brille sur le drap noir qui la couvre.... Elle a été portée par un brave soldat : il a terminé sa carrière d'abnégation et de sacrifices. Quelques vieux compagnons mutilés entourent la dépouille, le sabre à la main, pour lui rendre les honneurs militaires. Le prêtre bénit ces restes que l'on va restituer à la terre et qu'accompagneront de vrais amis, surtout ce sergent de grenadiers, ce petit enfant de troupe en costume de zouave : c'est le fils, c'est le petit-fils du défunt, braves gens qui acceptent l'héritage de bravoure et de loyauté que leur laisse leur père et leur aïeul.

N° 1286. — *La Vierge et l'enfant Jésus. — (Mlle **Henriquetta Girouard**.)*

On pourrait appeler ce tableau *la Vierge aux Cerises*. Marie est assise et tient sur ses genoux son divin Fils. L'enfant prend des cerises dans une corbeille que lui présente un ange. Un autre ange joue de la harpe à côté.

N° 1867. — *Saint Louis débarque à Damiette. — (M. **Charles Lefebvre**.)*

Le sire de Joinville, dans ses mémoires, raconte, avec son style d'une originalité et d'une naïveté si précieuses, l'action du roi au moment où on le prévint que l'enseigne de Saint-Denis était à terre. N'écoutant aucun avis, il se jeta dans la mer, ayant de l'eau presque jusqu'au menton, et ne s'arrêta que lorsqu'il fut sur le rivage, au milieu des croisés et des soldats de la France.

Ce tableau est destiné à la décoration de la chapelle de l'École militaire.

N° 1985. — *Entrée de Jésus-Christ à Jérusalem.* — (M. Leullier.)

Une foule immense s'est précipitée hors des portes de la ville. Elle porte des rameaux, elle jette des fleurs, elle se prosterne... et cela pour un homme monté sur un âne, et s'avançant calme et digne. Mais cet homme, c'est le fils de Marie, c'est le Sauveur, qui ne craint pas d'entrer dans la ville où va se préparer la Passion qu'il est destiné à subir pour régénérer l'humanité tout entière.

N° 1987. — *Mission de Jeanne d'Arc.* — (M. Levasseur.)

Dans son enfance, l'héroïque vierge de Vaucouleurs allait souvent se recueillir dans la chapelle de Notre-Dame de Vermont. Un jour qu'elle y était agenouillée et qu'elle priait, après avoir déposé devant elle sa houlette et une couronne de fleurs, elle vit apparaître au-dessus de sa tête saint Michel, sainte Catherine, sainte Marguerite et des anges. Ils venaient lui annoncer la mission providentielle que Dieu lui avait réservée.

N° 2106. — *La Tentation.* — (M. Massé.)

Un ermite prie dans une grotte, à genoux devant un crucifix. Derrière lui se tient le démon tentateur, sous la forme d'une jolie fille à demi nue.

N° 2174. — *Désespoir et misère.* — (M. Jules Michel.)

Une malheureuse mère, dans le plus affreux dénûment, soutient sur son bras un enfant mort de maladie et de besoin. Dans cet horrible moment où tout semble l'abandonner, elle s'est jetée à genoux et tend une main suppliante vers l'image du Rédempteur, qui a aussi accepté toutes les souffrances et toutes les douleurs pour le salut du monde.

N° 2400. — *Jésus-Christ apaisant la tempête.* — (M. Perrodin.)

La barque dans laquelle Jésus se trouve avec ses disciples est soulevée par les vagues : elle va être engloutie. Mais le Seigneur s'est levé. Il étend les bras, et la tempête s'apaise.

N° 2462. — *L'Ensevelissement du Christ.* — (Mme Pinel.)

La Vierge, Marie-Madeleine et les saintes femmes enveloppent l'Homme-Dieu dans son linceul.

N° 2855. — *Les Funérailles.* — (M. Timbal.)

Aux temps des persécutions des chrétiens, un esclave appartenant à une famille patricienne avait été martyrisé, et son cadavre abandonné sur la voie Latine. Ses maîtres apprennent cet événement ; ils partageaient ses croyances. Les femmes se rendent auprès du corps pour prier ; le chef de la famille l'asperge de l'eau lustrale, et d'autres esclaves s'apprêtent à le placer sur un brancard pour lui rendre les honneurs funèbres.

Salons N°s 5, 6 et 7.

Ces salles sont consacrées aux dessins, aux aquarelles, aux miniatures. Leur description est l'objet d'un autre livret.

Salon N° 8.

N° 139. — *Une Matinée chez la belle Cordière.* — (M. Stéphare **Baron.**)

On avait donné, au seizième siècle, le surnom de belle Cordière à la femme d'un cordier de Lyon, à Louise Labbé, qui se faisait remarquer par son esprit et son goût pour la poésie. Les savants et les poëtes du temps se réunissaient chez elle comme dans une espèce d'académie.

N° 438. — *Vision d'un penseur; le Génie de l'avenir.* — (M. **Louis Browne.**)

Un jeune homme, au costume noir, est assis sur un monticule de gazon. Il réfléchit profondément, plongeant ses regards dans l'espace. A sa gauche sont de vieux monuments, des portiques déserts, à moitié détruits; à sa droite, un viaduc que traverse une locomotive entraînant un convoi. Près de lui, s'appuyant sur son épaule, est le Génie de l'avenir.... Que dit-il au penseur? C'est leur secret.

N° 530. — *Exécution du duc de Montmorency dans la cour du Capitole, à Toulouse.* — (M. **Paul Cavaillé.**)

Le terrible arrêt rendu par les juges soumis aux volontés de Richelieu fut exécuté le 30 octobre 1632. L'échafaud a été dressé à peu de distance de l'estrade où sont assis les juges. L'un d'eux, cependant, se couvre le visage pour ne pas être témoin de l'horrible spectacle qu'il n'a pas eu le courage d'empêcher.

Le jeune duc, debout sur l'échafaud, presse sur son cœur la croix que lui présente son confesseur; ses regards sont levés vers le ciel. Le bourreau, agenouillé près de lui, s'appuie sur le formidable coutelas qui va trancher cette jeune tête, et l'impitoyable cardinal ne la verra plus que dans ses songes.

N° 586. — *La Fille de Cromwell.* — (Mlle **Maria Chenu.**)

La jeune femme, malade et mourante, adresse à son père des reproches sur la mort de Charles Ier. Cromwell, debout près de son enfant, détourne la tête pour ne point rencontrer ses regards.

N° 754. — *Bacchus et Ariane.* — (M. **Daguzan.**)

En revenant des Indes, le dieu du vin rencontre sur le rivage de Naxos la pauvre Ariane, si cruellement abandonnée par Thésée. On sait qu'elle fut promptement consolée.

N° 868. — *Galilée.* — (M. **Detouche.**)

Dans une magnifique salle du palais du doge Donato, Galilée a fait monter le télescope qu'il vient d'inventer. Il en donne, avant d'en faire usage, une explication au doge et aux seigneurs qui l'entourent et manifestent une impatiente curiosité.

N° 870. — *Rembrandt* — (M. **Detouche.**)

Le célèbre peintre, âgé seulement de vingt-cinq ans, s'est enfermé dans un modeste atelier. Il travaille à son tableau connu sous le nom de *la Leçon d'anatomie.* Dans le fond de l'atelier est un cadavre d'homme étendu sur un lit.

Rembrandt naquit à Leyde en 1606, et mourut à Amsterdam en 1674, laissant une grande fortune. Il a été également un graveur fort habile, et ses ouvrages sont extrêmement recherchés.

N°° 935, — 936. — *Jeunes Filles de Granville, l'une revenant de la pêche à la marée haute, l'autre attendant la marée basse.* — (M. **Claude Dubufe.**)

N° 947. — *Camoëns à l'hôpital.* — (M. **Dulong.**)

Le grand poëte meurt abandonné en 1579, n'ayant auprès de lui qu'un pauvre esclave, son serviteur. On lui a récemment élevé une statue dans sa patrie.

N° 1000. — *Famille de pêcheurs assistant à un sinistre.* — (M. **Jules Étex.**)

Sur le bord de la mer, des enfants, une jeune femme, appuyés sur une sorte d'estacade, regardent ce qui se passe sous eux. On voit dans la mer quelque chose de rouge : c'est sans doute un lambeau de vêtement d'un malheureux qui se noie.

N° 1119. — *Moïse exposé.* — (M. **Fouque.**)

La pauvre mère est venue sur le bord du rivage, et, après s'être assurée que personne ne pouvait l'apercevoir, elle a glissé le fragile berceau sur les eaux du fleuve. Ceux qui l'accompagnent cherchent à l'entraîner, afin que sa douleur ne puisse la trahir.

N° 1248. — *Louis XI et Quentin Durward.* — (M. **Gide.**)

Le vieux roi, qui a ses projets sur le jeune Écossais, l'a invité à déjeuner. Mais, tout en l'excitant à faire honneur au repas, il l'épie du regard, et examine quel effet produit sur lui l'arrivée d'Isabelle de Croï, à laquelle il a recommandé d'apporter le vin qu'il veut faire goûter à son hôte.

N° 1290. — *Portrait de M. Louis Figuier.* — (M. **A. B. Glaize.**)

N° 1326. — *Une Expédition pacifique chez les Tatars.* — (M. **Adolphe du Gravier.**)

De tous les souvenirs de la campagne de Crimée, nombreux cette année au Salon, celui-ci n'est pas le moins original et le moins curieux. Deux sous-officiers d'infanterie, en petite tenue, la figure franche, le sourire sur les lèvres, se présentent devant la demeure d'un vieux Tatar, qui se hâte de faire rentrer sa femme et ses filles dans la maison. Pour être exact, je dois dire que les demoiselles retournent la tête, afin de regarder les Français.

J'ajouterai que le tableau est signé : « PIERRE-ADOLPHE DU GRAVIER, sergent au 26e de ligne, au fort d'Ivry. »

N° 1339. — *L'Amour et les Grâces.* — (M. **Grevedon.**)

Scène toute mythologique et se passant dans les nuages. L'Amour est assis sur de légères vapeurs. Deux des Grâces font flotter sur sa tête une gaze transparente; la troisième lui apporte son carquois et son arc.

N° 1360. — *Adieu au pays.* — (M. **Oscar Gué.**)

Deux petits Savoyards quittent leurs montagnes et, avec leurs marionnettes pour tout bagage, s'en vont chercher fortune à Paris. Ils jettent un dernier regard sur le village qui les a vus naître.

N° 1534. — *Jocelyn.* — (M. **Honein.**)

Laurence est étendue évanouie dans une grotte. Jocelyn veut lui porter secours, entr'ouvre son vêtement, et reconnaît avec terreur et désespoir que son ami est une femme.

N° 1541. — *Marie Stuart et Chatelard.* — (M. **Housez.**)

La belle reine d'Écosse est rentrée le soir dans sa chambre à coucher, accompagnée de ses femmes. Elle va se livrer au repos. Déjà elle a déposé ses bijoux sur une table; elle commence à enlever ses vêtements. Tout à coup, une femme aperçoit un homme caché sous le lit. Grande terreur! Cet audacieux, c'est un amant, c'est Chatelard, qui comptait sans doute parvenir à attendrir la reine, à la persuader de son amour.... Mais on le chasse, et il s'en ira, dans le silence, dévorer son dépit et sa honte.

N° 1707. — *Orphée.* — (M. **Alexandre Lafond.**)

Assis sur un rocher et jouant de la lyre, le dieu de la musique a si bien apprivoisé les bêtes féroces, que des lions sont étendus auprès de lui et l'écoutent tranquillement.

Cette fable est acceptée partout, et les peintres en ont fait souvent leur profit. Les commentateurs de l'antiquité veulent qu'Orphée ait été un homme supérieur en tout. Poëte, voyageur intelligent, musicien habile, il profita de son observation et de l'influence qu'il exerçait pour adoucir les mœurs des peuples au milieu desquels il passa sa vie.

N° 1965. — *Don Alonzo Pérès de Guzman.* — (M. **Leray.**)

Cet homme énergique, surnommé *el Bueno*, était, en 1294, gouverneur de la ville de Tarifa, qu'il avait conquise et que les Maures assiégeaient avec l'espoir de la reconquérir. Son fils fut pris dans une sortie. Le chef des Maures s'approcha des remparts, et faisant mettre le jeune Guzman à genoux, plaça le bourreau à côté de lui.

« Ton fils va mourir si tu ne rends pas la ville ! cria-t-il au malheureux père.

» — Mon roi m'est plus cher que mon sang », répondit don Guzman.

N° 2065. — *Jane Shore.* — (M. **Mailand.**)

Bien que les historiens prétendent que cette favorite d'Édouard IV mourut obscure et tranquille sous le règne de Henri VIII, la tradition veut qu'elle ait été condamnée par jugement à périr de faim. Il était défendu, sous peine de mort, de lui accorder un asile, de lui donner un morceau de pain.

Ici la malheureuse Jane, épuisée, tombe à la porte de la demeure d'une femme qu'elle a connue. Elle supplie. Non-seulement on la repousse, mais on l'accable d'injures.

N° 2069. — *Saint Antoine de Padoue.* — (M. **Maillot.**)

Religieux de l'ordre de Saint-François, saint Antoine dit de Padoue est né à Lisbonne en 1195. Il mourut à Padoue, à trente-six ans, en 1231, après avoir, avant de se fixer dans cette dernière ville, professé à Montpellier et à Toulouse.

Ici on le représente au moment de son noviciat, agenouillé dans sa cellule et se livrant à la prière, aux plus dures macérations.

N° 2148. — *Prométhée.* — (M. **Louis Mercier.**)

Rien de plus connu que la fable de Prométhée, que le sort réservé au téméraire qui alla dérober le feu céleste au char du Soleil. Enchaîné sur le Caucase, il fut condamné au plus terrible supplice jusqu'au jour où Hercule vint le délivrer.

N° 2156. — *Les hautes alpes.* — (M. de **Meuron.**)

Étude de glaciers de l'Oberland. L'aigle seul habite ces cimes escarpées, où il plane en roi.

N° 2215. — *Phryné.* — (M. **Mottez.**)

Ce tableau rappelle un des plus célèbres moyens oratoires qui aient jamais été employés par un avocat. La fameuse courtisane avait été accusée de quelque méfait ayant de la gravité, d'impiété, si j'ai bonne mémoire. Les juges ne paraissaient pas disposés à l'absoudre. Que fit Hypéride, son défenseur ? Il présente la coupable au tribunal, lui enlève sa robe, la montre presque nue, et demande aux juges, agréablement surpris, s'ils auraient le courage d'envoyer à la mort une femme si parfaitement belle. Phryné fut sauvée.

Dans le tableau, le jugement a lieu le soir. Il fait même assez sombre. Le moyen oratoire d'Hypéride produit encore plus d'effet par suite de cette circonstance.

N° 2271. — *Werther.* — (M. **d'Olivier.**)

Dans le roman de Gœthe, Werther raconte, à la fin de sa dernière lettre, comment il se sépara de Charlotte et d'Albert. Il était dans le parc; ses amis l'avaient reconduit, puis on s'était dit adieu.

« A demain ! » avait ajouté Charlotte en souriant.

« Oh! si elle eût su, en retirant sa main de la mienne!... écrit Werther. Elle remonta l'allée, je restai à la même place, la regardant s'éloigner sous les rayons de la lune... Alors je me jetai à genoux et je pleurai. »

N° 2454. — *Leçon paternelle de vraie philosophie sensitive.* — (M. **Pilliard.**)

Voici de quelle manière ce titre assez singulier est expliqué : Dans un temple d'architecture grecque, caché par une colonne, est un vieillard tenant dans la main une branche d'arbrisseau qu'il semble agiter. Sur le premier plan se trouvent un jeune homme, une jeune fille, en costumes antiques; ils ont l'air de vouloir s'embrasser. Dans le fond, deux personnages les regardent. Le vieillard exerce-t-il une sorte d'influence mystérieuse avec son rameau ? Je ne saurais le dire, mais on peut le supposer.

N° 2734. — *Un Harem.* — (M. **Schopin.**)

Toutes ces belles filles parées avec luxe, assises, étendues, bâillant, se tirant les bras, regardant le ciel, se disposant à fumer, ou à prendre du café,.... forment le personnel d'un harem algérien. Leur seule occupation est de plaire au maître du logis.

N° 2912. — *Atelier de Gutenberg à Mayence.* — (M. **Ulysse.**)

L'inventeur de l'imprimerie est représenté debout, au milieu des casiers, des formes, des presses, de toutes les machines qui lui servaient alors pour assembler des caractères et composer des pages. Près de lui sont quelques-uns de ses aides.

Gutenberg, que l'on appelait aussi Fleisch de Sulgeloch, était né à Mayence en 1400. Il mourut dans cette ville en 1468.

N° 2972. — *Funérailles de Pompée.* — (M. **Vignon.**)

Sur le bord de la mer, dans une solitude complète, un affranchi, un soldat, ont élevé un bûcher et y ont étendu un cadavre que les flammes vont dévorer : ce cadavre, privé de sa tête, est celui de Pompée, du rival de César.

Vaincu dans les plaines de Pharsale, le grand capitaine avait été demander un asile à la cour du roi d'Égypte. L'ingrat Ptolémée le fit assassiner. Il aurait même laissé sans sépulture les restes de son protecteur, si le dévouement de deux ou trois serviteurs, d'un ami, auquel cette action fut fatale, ne leur avait procuré d'honorables funérailles.

Salon N° 9.

N° 158. — *Mort d'une jeune Fiancée.* — (M. **Battanchon.**)

Tandis que le père et la mère se livrent au désespoir, aussi inanimé que sa fiancée, le jeune homme s'est affaissé et ses lèvres restent collées sur la main de la jeune fille.

N° 231. — *Paysage.* — (M. **Bentabole.**)

Vue du tombeau de Chateaubriand sur les bords de la mer, près de Saint-Malo.

N° 232. — *Épisode du bombardement de Lille en 1792 et 1793.*— (M. **Benvignat.**)

Les Lillois ne peuvent oublier ce mémorable événement. Une colonne monumentale s'élève dans leurs murs pour en conserver le souvenir aux générations présentes et futures.

Bien loin de céder aux menaces, aux attaques formidables de l'ennemi, les Lillois, à cette époque, redoublèrent de courage et d'enthousiasme. Toute la population se fit soldat. Pendant que les uns étaient aux remparts, les autres éteignaient les incendies, secouraient les blessés, sauvaient les malades atteints par les flammes, traînaient les canons, portaient les munitions... Toutes ces scènes sont rassemblées dans le tableau avec beaucoup d'énergie.

N° 268. — *Moïse sauvé des eaux.* — (Mlle **Bigé.**)

L'enfant qui doit devenir le législateur des Hébreux est remis à la fille de Pharaon par l'une des femmes qui accompagnent la princesse.

N° 309. — *La Lettre de recommandation.* — (M. **Bonvin.**)

Deux jeunes filles, au costume de novice, présentent une lettre à la supérieure d'une maison religieuse. Les recommandations doivent être excellentes, car le visage de la bonne dame exprime la satisfaction la plus complète.

N° 330. — *Le Pardon de sainte Anne-Palud, au fond de la baie de Douarnenez.* — (M. **Boudin.**)

Épisode des mœurs et coutumes du département du Finistère.

N° 594. — *Le Marché d'oranges à Alger.* — (M. **Chevandier de Valdrome.**)

Espagnols, Kabyles, nègres du Soudan, Mauresques, tous types aussi différents que caractérisés, se trouvent réunis sur nos marchés algériens.

Nº 685. — *Le Jour de la Fête-Dieu. — (M. **Cornilliet**.)*

Dans le fond du tableau, on voit sortir de l'église la procession dans toutes ses pompes. La foule s'incline. Sur le premier plan, une femme à la physionomie intelligente, aux traits distingués malgré la tristesse qui les assombrit, est assise auprès d'une table sur laquelle on a élevé une petite chapelle. On l'a ornée comme on a pu. Deux petites filles tendent la sébile aux passants : « Pour la petite chapelle, s'il vous plaît ! » L'une des deux enfants apporte, tout heureuse, une pièce de monnaie à sa mère.

Donnez à ces enfants, donnez beaucoup, si vous pouvez. Il y a des infortunes bien cruelles! et pardonnez-leur la petite ruse qu'elles emploient, le jour de la Fête-Dieu, pour n'avoir pas l'air de tendre la main à la charité publique.

Nº 730. — *Sainte Colette délivre par ses prières une âme du purgatoire. — (M. **Charles Crauk**.)*

Pour faire comprendre la légende, l'artiste a placé l'imagination à côté de la réalité. La sainte, agenouillée sur son prie-Dieu, prie avec ardeur. Une ombre alors s'élève auprès d'elle et s'élance vers une gloire céleste, d'où les anges lui tendent les bras pour la recevoir.

Nº 889. — *Vénus et Adonis. — (M. **Diaz de la Pena**.)*

La déesse de la beauté s'est enfuie sous un épais ombrage avec le fils du roi de Cypre. On sait que le beau jeune homme fut tué à la chasse par un sanglier. Après sa mort il fut ressuscité grâce à l'intervention de Proserpine, mais à une condition : il devait passer six mois de l'année avec la reine des enfers, et les six autres mois avec Vénus.

Nº 892. — *La Fée aux joujoux. — (M. **Diaz de la Pena**.)*

La jeune déité, toute resplendissante sous un costume de fantaisie, descend les degrés de son palais. Grands et petits enfants l'entourent, se pressent sur son passage afin d'obtenir un de ces jolis joujoux qu'elle prend dans une corbeille qui semble inépuisable.

Nº 988. — *Un Paysagiste. — (M. **Elmerich**.)*

Jaloux de sa tranquillité, notre artiste a établi son atelier dans un bateau. Son chevalet est dressé au centre. Il est certain de n'être pas dérangé par quelque indiscret flâneur. Homme de précaution, il a construit une petite cabane à l'arrière de son bateau. C'est son armoire, sa cuisine, son garde-manger. On y voit rangés une casserole, un plat, des provisions et bon nombre de pipes.

Nº 1306. — *Jeanne la Folle. — (M. **Gose**.)*

Cette malheureuse princesse, dont la destinée fut si singulière, est près de son époux, de Philippe le Beau, étendu mort sur un lit de parade. Elle ne peut se persuader qu'elle est veuve. Elle attend le réveil du roi.... Et cependant elle aperçoit de l'autre côté du lit les files du cortége funèbre s'avançant avec des flambeaux pour procéder à la cérémonie des funérailles !

N° 1316. — *Les deux Foscari.* — (M. **L**. **Goupil**.)

Cette scène est tirée d'une tragédie de Byron. Succombant aux tortures physiques et morales injustement exercées sur lui par ses persécuteurs, Jacopo Foscari a rendu le dernier soupir. Le doge François Foscari, que des lois barbares avaient fait juge de son fils innocent, le cœur brisé, tient dans ses bras Marina, la veuve de l'infortuné. La haine implacable qui les poursuit lui inflige un dernier outrage en dépouillant de sa couronne de doge celui qui l'avait portée trente ans avec gloire.

Marina. — O vengeance! mais celui qui, s'il eût été protégé, aurait pu rendre cette protection, ne peut plus secourir son père.

Le Doge. — Il ne le ferait pas contre sa patrie, eût-il mille vies au lieu de celle....

Marina. — Que les tortures lui ont arrachée.... Mais j'ai des fils qui seront des hommes !

N° 1361. — *Une Messe du matin à Monterfil.* (M. **Guérard**.)

Tous ces braves paysans d'Ille-et-Vilaine suivent le sacrifice avec une foi naïve et vraie. C'est à peine si une légère distraction parait errer sur le visage de quelques-uns d'entre eux. Pourtant il en est un qui a cédé au sommeil, probablement causé par un excès de fatigue.

N° 1611. — *Paysage.* — (M. **Jeanron**.)

Vue du barrage de Bezon, éclairée par un soleil couchant. Un chien taquin vient troubler dans le repos qu'ils goûtaient si bien deux pauvres canards qui s'enfuient en criant.

N° 1777. — *Rentrée dans Paris de S. A. I. le Prince Président.* — (M. **Larivière**.)

Paris ne saurait oublier le souvenir de cette journée qui termina d'une manière si splendide le mémorable voyage entrepris par le Prince Président dans les départements du midi de la France, en 1852. En quittant la gare du chemin de fer, le Prince monta à cheval, et, à la tête des maréchaux, des généraux, d'un brillant état-major, s'avança au milieu des flots de la population accourue sur son passage depuis le pont d'Austerlitz jusqu'au palais des Tuileries. Les corporations, avec leurs bannières, se faisaient particulièrement remarquer. Partout on avait élevé des arcs de triomphe, partout le passage du Prince était salué par des cris d'enthousiasme.

Cette vaste page historique, après l'Exposition, ira prendre place dans les galeries du palais de Versailles.

N° 1950. — *Cortége d'un roi fainéant.* — (M. **Lepec.**)

La poésie a immortalisé, par des vers qui sont dans toutes les mémoires, le faste efféminé des derniers représentants de la race mérovingienne. Le monarque indolent se fait conduire par des bœufs au pas lourd à l'assemblée annuelle du Champ de Mai. Il n'est entouré que de femmes, d'hommes de plaisir, et il ne voit pas que ce guerrier, armé de toutes pièces, la hache à la main, monté sur un cheval fougueux, qui l'accompagne pour le protéger en apparence, n'a qu'une pensée, celle de le déconsidérer aux yeux d'un peuple actif et fier. Ce cavalier, c'est le maire du palais, c'est Charles Martel, qui rêve sans doute aux futures destinées d'une autre race.

N° 2041. — *Saint Vincent de Paul prenant les fers d'un galérien.* — (M. **Loyer.**)

Ce fut en 1622 que ce fait arriva au bagne de Marseille. Vincent de Paul naquit en 1576 à Ranquines, petit hameau dans le département des Landes, et mourut à Paris, à Saint-Lazare, le 27 septembre 1660. Il fut béatifié par Benoît XIII en 1729, canonisé par Clément XII en 1737.

Vincent de Paul a été le créateur des établissements de bienfaisance les plus utiles et les plus précieux. Il fut le précepteur des trois fils de Philippe de Gondi; il assista Louis XIII à ses derniers moments. Pendant une année, de 1612 à 1613, il fut curé de Clichy, aux portes de Paris.

N° 2166. — *Dans la prairie.* — (M. **Meynier.**)

La prairie est verte, parfumée de fleurs; un ruisseau la parcourt en serpentant; le ciel est doux, légèrement voilé. Les rêveurs, les amoureux en profitent pour se promener, s'asseoir sur le gazon, lire, échanger des serments d'amour. Mais tous ces amours sont paisibles. C'est comme dans les promenades d'amants du *Roman de la Rose.*

N° 2253. — *Qui trop embrasse mal étreint.* — (M. **Alphonse Nègre.**)

Une jeune femme a placé dans sa robe qu'elle a relevée des fleurs et des fruits. Ils sont beaux, elles sont éclatantes; mais la sensuelle en a trop pris. Passe un larron sous la forme d'un étudiant à la noire chevelure. Il saisit une pêche. Enhardi par le succès, il dérobe un baiser. La jeune femme a beau tourner la tête, il est pris. De son temps, bien certainement, Lucrèce aurait laissé tout tomber pour arrêter les entreprises du téméraire.

N° 2448. — *Le Ghetto à Rome.* -- (M. de **Pignerolle.**)

C'est plutôt un coin du Ghetto, de ce quartier réservé aux juifs dans la capitale du monde chrétien. Un vieil enfant d'Israël, assis dans son étroite boutique, tente deux jeunes filles en leur montrant des étoffes aux brillantes couleurs.

N° 2508. — *Le Capitaine Frank.* — (M. **Pottin**.)

Ce bizarre sujet est emprunté à la pièce d'Alfred de Musset *la Coupe et les lèvres.* Cet homme vêtu en moine et recouvert d'un domino, tenant à la main un masque de bal dont il cachait son visage, c'est le capitaine Frank. Il a voulu se donner le plaisir d'éprouver sa maitresse. Cette bière est celle dans laquelle il était supposé étendu; à côté de ce cercueil, il a tenté la fragile Monna, et quand celle-ci a succombé, il lui fait voir que la bière est vide, il se démasque, il lui crie d'une voix terrible :

> Va-t'en, prostituée, ou ton heure est venue!
> Va-t'en, ne parle pas! ne te retourne pas!

N° 2643. — *Misère et résignation.* — (M. **Roussin**.)

Pauvres gens! le froid est grand, la faim terrible, et pourtant ils n'ont ni feu ni pain; qui donc sauvera cette malheureuse famille? — Ils ont mis leur confiance en quelqu'un de puissant dont l'image est là, et qui ne les abandonnera pas.

N° 2954. — *Une Visite domiciliaire sous la Terreur.* (M. **J. Vibert**.)

Cette scène terrible et émouvante en rappelle une semblable si bien tracée dans une des œuvres les plus touchantes de Mme de Girardin.

N° 2991. — *Le Rêve.* — (M. **Voillemot**.)

Lisette, Finette ou Marton s'est endormie, fatiguée sans doute... de ne rien faire. Elle rêve; mais dans l'atmosphère au milieu de laquelle elle vit, elle ne saurait rêver que d'amour. Précisément le dieu voltigeait dans les environs. Il est entré, il s'est accroupi sur un siége, et fait danser devant la soubrette de petits pantins. Le cuisinier est par terre avec son bonnet, son tablier.... Un cuisinier, fi donc! Le majordome a été aussi mis de côté. Mais ce brillant garde-français, si pincé, à la moustache si provocante.... Tout en dormant, Marton ne peut s'empêcher de sourire. Le garde-français pourra se présenter au réveil, il sera bien reçu.

Salon N° 10.

N° 44. — *Le Waal et la Meuse, près de Dordrecht* (Hollande). — (M. **Anastasi.**)

Le soleil à moitié enfoncé dans la mer répand encore des teintes de feu dans les eaux froides du Nord. Les nuages sombres en sont comme déchirés. Les arbres souvent exposés à des courants atmosphériques glacés s'inclinent et semblent souffrir.

N° 94. — *Côme Ier de Médicis tuant son fils.* — (M. **Aze.**)

Le sujet de cette tragique aventure est emprunté à l'*Histoire des Médicis*, de M. Alexandre Dumas. Côme Ier frappe d'un coup de poignard son fils Garcias, qui lui-même avait assassiné son frère. « Je » ne veux pas de Caïn dans ma famille, » avait dit le vieillard.

La mère de la victime, qui avait espéré un pardon, accourt pour recevoir son fils expirant dans ses bras.

N° 98. — *Supplice de Dolet.* — (M. **Léon Bailly.**)

Étienne Dolet, né à Orléans en 1509, a été tout à la fois littérateur et imprimeur. Il fut d'abord secrétaire d'ambassade à Venise, puis vint s'établir à Lyon, où il fut mis en prison par suite de ses opinions religieuses. Relâché sous la promesse d'être plus circonspect, il commit de nouvelles imprudences, qui le firent arrêter une deuxième fois et conduire à Paris, où il fut condamné et brûlé en 1546.

C'est à un ouvrage moderne que la scène peinte par M. Bailly est empruntée.

La charrette qui porte le condamné traverse des flots de peuple; dans le lointain on aperçoit l'instrument du supplice. Des étudiants ont rompu la ligne des gardes et se sont précipités sur la charrette. L'un d'eux presse les mains liées de Dolet. « Ne pleure pas, enfant, » lui dit le condamné; vois comme je suis tranquille. Il est beau de » mourir pour une belle cause, et c'est un bonheur que l'homme doit » envier ! »

N° 134. — *Le Cabaret vénitien.* — (M. **Henri Baron.**)

C'est dans cette pittoresque demeure si bien située que se réunissaient, suivant l'artiste, les maîtres peintres, le jour de la fête de saint Luc. L'enseigne l'indique, une enseigne contournée avec goût : *Osteria di San-Luca!* Quels festins, quelle joie, que de bruit! Voilà des gens qui entendaient dignement le culte de l'art et de la poésie.

N° 216. — *Barques du Nil.* — (M. Belly.)

Le vent a amené l'une d'elles sur le bord. Les matelots ont peine à reprendre le large ; quelques-uns se sont jetés à l'eau et poussent vigoureusement, tandis que quelque pacha nonchalant se repose mollement près de sa favorite.

N° 331. — *Dévotion à un ancien pèlerinage en basse Bretagne.* — (M. Bouet.)

La scène se passe dans un cloître où règnent la solitude et le silence. Le lierre rampe le long des arceaux ; un cierge achève de se consumer près d'une madone qui jette un regard de bonté et de commisération sur une jeune fille agenouillée à ses pieds. Pourquoi cette jeune fille vient-elle prier dans le cloître ? A-t-elle une faute à se faire pardonner, une grâce à obtenir ? Nous aimons à croire que la reconnaissance seule l'a guidée jusque-là.

N° 532. — *Portrait de mademoiselle de la Pommeraye, artiste de l'Académie impériale de musique.* — (M. Paul Cavaillé.)

La belle et spirituelle cantatrice est représentée assise près d'un piano.

N°ˢ 547 et 548. — *L'Astronomie, la Poésie.* — (M. Charles Chaplin.)

Figures d'études assises sur des nuages, avec des attributs, exécutées pour l'hôtel de M. le duc d'Hamilton.

N° 768. — *Soleil couchant.* — (M. Daubigny.)

C'est toujours un spectacle émouvant qu'un coucher de soleil. Deux êtres animés assistent seuls à celui-ci ; l'un d'eux, l'âne, boit philosophiquement dans le ruisseau ; quant au paysan, il semble ne songer à rien. Et pourtant j'aime à croire que tous deux, à leur insu, ressentent l'influence magique de la scène qui les environne.

N° 769. — *Le Lever de lune.* — (M. Daubigny.)

Bien longues doivent paraître les nuits à celui qui les passe seul ainsi dans une vaste plaine avec son troupeau. Mais que la lune se lève, et le berger se sent heureux de sa compagnie ; il n'est plus seul.

N° 781. — *Sainte Famille.* — (M. Louis David.)

Saint Jean-Baptiste et l'Agneau immaculé, symbole de l'innocence et du salut ; Marie tenant l'Enfant Jésus, Joseph les contemplant tous avec amour, forment un groupe charmant ; nous songeons, en les voyant sourire, au rayonnant avenir qui les attend.

Nº 825. — *Hamlet.* — (M. **Eugène Delacroix.**)

Sujet déjà traité par l'artiste. Hamlet dans un cimetière, debout près du fossoyeur, tient dans ses mains un crâne qu'il examine avec beaucoup d'attention. Derrière le groupe, et à demi caché par un pli de terrain, s'avance un cortége funèbre.

Nº 978. — *Retour du Pardon.* — (M. **Louis Duveau.**)

Cette barque qui glisse légèrement sur le fleuve avec ces femmes, ces jeunes filles, ces gars, tous en habits de fête, reviennent du Pardon de Sainte-Anne de la Palud, l'une des fêtes les plus fréquentées de la Bretagne.

Nº 1107. — *Cancans.* — (M. **Fortin.**)

Deux jeunes commères sont en conversation avec un tailleur accroupi, en train de réparer l'irréparable outrage du temps sur les vêtements humains. Elle rit de bon cœur, la petite moqueuse, et certes le prochain doit en avoir sa bonne part.

Nº 1147. — *La Leçon de tambour.* — (M. **P. E. Frère.**)

Coiffé militairement, le jeune professeur prend très-sérieusement son rôle et cherche à faire de son disciple attentif un digne fils de Mars.

Nº 1203. — *Mort d'Agrippine.* — (M. **Garipuy.**)

Cachée au fond de la retraite où elle se croyait en sûreté, Agrippine a vu sans terreur entrer les soldats de son fils. Elle s'est dressée debout devant son lit, et se présente nue au centurion qui la menace de son glaive. « Frappe, lui dit-elle, frappe le ventre qui a porté Néron ! »

Nº 1381. — *Les Bleus passent.* — (M. **Guillemin.**)

Remercions le ciel ! Ils sont loin de nous ces temps où les Français luttaient les uns contre les autres ; où des hommes parlant la même langue se combattaient à outrance ; où des familles s'enfermaient dans leurs demeures, s'armaient, se préparaient à une résistance désespérée, et, sur l'avis d'un guetteur vigilant, échangeaient un regard d'adieu ou d'espoir en se disant à voix basse : « Voilà les Bleus qui passent ! »

Nº 1458. — *Partie carrée au Pré aux Clercs.* — (M. **Herbsthoffer.**)

Triste partie, et dont les suites feront répandre bien des larmes. Quatre beaux et jeunes seigneurs se sont pris de querelle pour.... Savent-ils pourquoi ils ont couru au Pré aux Clercs? Le terrain a été bien choisi. Un mur sépare les combattants des indiscrets et des importuns. Vite en garde! Deux de ces fous sont déjà morts; leurs valets leur prodiguent d'inutiles secours. Un troisième va les rejoindre. Le vainqueur, dans cette déplorable lutte, essuie tranquillement la lame de son épée. Telles étaient ces parties aux temps de Marion Delorme, de madame de Sévigné et des précieuses.

N° 1510. — *Molière consultant sa servante.* — (M. **Hillemacher.**)

> Ah ! pauvre Laforêt qui ne savais pas lire,
> Quels vigoureux soufflets ton nom seul a donnés
> Au peuple travailleur des discuteurs damnés !
> Molière t'écoutait lorsqu'il venait d'écrire.
> Quel mépris des humains dans le simple et gros rire
> Dont tu lui baptisais ses hardis nouveau-nés !

(ALFRED DE MUSSET.)

N° 1584. — *Vue de Rome.* — (M. **Jadin.**)

Cette vue est prise de l'*arco di Parma*. Au milieu coule le Tibre (*Tiberinus pater*). Au fond se dresse le vaste dôme de Saint-Pierre, à droite le château Saint-Ange.

N° 1586. — *Hallali d'un cerf à l'eau.* — (M. **Jadin.**)

C'est bien souvent en traversant un gué que le cerf, qui toute la journée a fatigué les chiens, vient perdre ses forces et se laisser prendre ; mais il est rare que ce soit sans éventrer quelqu'un de ses ennemis.

N° 1625 — *La Leçon de philosophie.* — (Mme **Sophie Jobert.**)

Ce grave professeur, au visage sévère, dicte sans doute quelque sentence à ce beau jeune homme travaillant près de lui sur la table. Mais le bonhomme ne voit pas la jolie fille qui est entrée portant à la main un verre d'eau. L'écolier trouve plus agréable d'envoyer des baisers à la visiteuse, que d'inscrire les préceptes de sagesse et de philosophie sur ses cahiers.

N° 1731. — *Chat et Pie.* — (M. **Eug. Lambert.**)

Maître Raton, prenez garde à vous ! dame Margot a bonne langue. Vous la volez ; mais elle saura longuement déposer contre vous devant les tribunaux de tous pays et de bien d'autres lieux. Elle le criera à la portière, à la laitière, à la fruitière, etc., etc.... Maître Raton le voleur, vous serez puni, vous en mourrez fou !

N° 1917. — *Bûcherons à l'heure du repas.* — (M. **Adolphe Leleux.**)

Fatigués des rudes travaux du matin, ils prennent avec appétit un grossier repas qui, suivi de la vieille pipe, doit leur rendre la force et le courage pour retourner finir leur journée.

Nº 1921. — *La Leçon de couture.* — (M. **Armand Leleux.**)

Deux jeunes et jolies filles travaillent dans une petite chambre bien propre, près de la fenêtre. L'une donne des conseils à l'autre sur son ouvrage.

Nº 2050. — *Scène de cabaret.* — (M. **Luminais.**)

De quoi s'agit-il donc? — car terrible est la querelle. Il y aura des pots cassés parmi tous ces braves gens animés pour détruire. Deux pourtant ont encore l'instinct de la conservation : l'un pour sa pipe, l'autre pour un pot de vin, qu'il s'empresse de boire dans la crainte de de le voir répandre sans profit. A la bonne heure! ce dernier est un vrai sage. —

Nº 2183. — *Femme faisant paître sa vache.* — (M. **François Millet.**)

Dans cette petite toile, je crois que l'artiste a réuni toutes les misères. Dans un champ triste et poussiéreux, où l'herbe pousse à peine, et une herbe jaune, sèche et maigre, une malheureuse femme presque aveugle, à l'air idiot, conduit une vache qu'elle dirige au moyen d'une misérable corde usée par un long service. Elle est couverte de sordides vêtements. La vache n'a jamais été soignée. Sa peau est râpée; le poil manque en divers endroits, la queue est presque dénudée....

Nº 2506. — *Sous les saules.* — (M. **Potemont.**)

Ce monsieur, à la toilette élégante de campagne, aux moustaches noires, dormant si paisiblement sur ce vert et frais gazon, à l'ombre de ces arbres, était parti, le matin, avec un étui en fer-blanc pour herboriser. Mais il a rencontré ce petit coin de bois : il a été tenté, il s'est assis, puis étendu..., puis endormi; et son sommeil est si profond, qu'il n'entend pas la bande de canards qui se promènent autour de lui.

L'imprudent! il racontera sans doute, au dîner, ses fatigantes et longues pérégrinations! Il n'aura pas vu ces deux gentilles promeneuses passant discrètement à quelque distance en étouffant leurs rires. Elles ne manqueront pas de lui donner le plus formel des démentis.

Nº 2655. — *Un Philosophe.* — (M. **Ruiperez.**)

Retiré dans son cabinet de travail, la tête dans sa main, le sage médite au milieu de grands in-folio.

Nº 2762. — *Quand les maîtres n'y sont pas!* — (M. **Paul Seignac.**)

Qu'arrive-t-il dans ce cas? Comme la maison est bonne, l'office bien fourni, la cave intelligemment garnie, M. de Lalleur a engagé made-

moiselle Rose à partager un dîner fin. On a fait honneur à tout. On a
goûté les mets, les vins, les liqueurs; puis le dessert est venu. On
était en belle humeur; M. de Lafleur a demandé un baiser à mademoiselle Rose. La soubrette a refusé. M. de Lafleur est entreprenant;
mademoiselle Rose s'est armée! Elle a pris sa serviette pour châtier
l'impertinent. Mais elle rit... et j'ai peur qu'elle ne soit bientôt
désarmée.

N° 2903. — *Vue prise des hauteurs de Suresnes.* — (M. **Troyon**.)

Un troupeau de belles et braves vaches s'avance paisiblement,
majestueusement. Mais un petit veau lutin veut gambader sur le terrain prohibé, et donne à lui tout seul plus de mal au jeune conduc-
teur que tout le reste de la troupe.

N° 3031. — *Constantinople.* — (M. **Ziem**.)

Nous sommes un vendredi. Le sultan se rend à la mosquée dans sa
barque impériale. Sur son passage, les navires tirent le canon pour le
saluer.

Salon N° 11.

N° 165. — *La Madeleine pénitente.* — (M. **Baudry**.)

Couchée sur la terre, les mains jointes, la jeune et belle pénitente est livrée aux plus sérieuses méditations.

N° 204. — *Nezla d'Ouargla à la recherche d'un campement.* (M. **Bellel**.)

Cette grande toile représente une tribu algérienne parcourant le Sahara et cherchant une oasis pour y dresser ses tentes.

N° 241. — *Fuite de Néron.* — (M. **Bernard**.)

Cette toile, exécutée à Rome par l'artiste, alors élève de l'Académie de France, a déjà été exposée à l'École des Beaux-Arts de Paris. Les figures ne sont ici que l'accessoire du paysage.

N° 252. — *Communion de saint Benoît.* — (M. **James Bertrand**.)

Le saint mourut à l'église, où il s'était fait transporter par ses disciples après avoir reçu la communion.

N° 282. — *Après l'orage.* — (M. **Blin**.)

Ce terrain encore déchiré par la force des eaux est le point culminant d'une côte. Les nuages sont repoussés par le vent, une large éclaircie se forme sur la gauche; et dans le fond, caché par le terrain plus élevé, on devine un vaste horizon.

N° 335. — *Le Jour des Morts.* — (M. **Bouguereau**.)

Deux jeunes filles sont agenouillées près d'une croix ; elles portent la robe noire des orphelines, et tiennent la couronne jaune que l'on dépose sur les tombes de ceux qu'on aimait. Leur mère, sans doute, dort sous cette pierre, et leurs yeux rougis par les larmes disent combien elles la regrettent.

N° 349. — *Lesbie.* — (M. **Boulanger**.)

L'Amour, jaloux des caresses que la jeune fille donne à son oiseau, boude en pleurant.

N° 670. — *Alain Chartier et Marguerite d'Écosse.* — (M. **Charles Comte.**)

Accablé par la chaleur du jour, le poëte s'est endormi à l'ombre d'un des arceaux du cloître. Marguerite, dans tous ses atours princiers, le manteau porté par ses pages, suivie de seigneurs et de belles dames, sort de la chapelle. Elle aperçoit le poëte, s'avance, et dépose un baiser sur les lèvres du dormeur.

La cour s'étonne et trouve le fait extraordinaire.

« Oh bien, dit Marguerite, ce n'est point l'homme que je baise, mais bien la bouche d'où sont issus tant de bons mots et de vertueuses paroles. »

N° 671. — *Le cardinal de Richelieu.* — (M. **Comte.**)

On connaît l'affection toute particulière du cardinal de Richelieu pour les chats. C'était souvent en jouant avec ces gracieux animaux qu'il préparait des plans de campagne ou décidait les plus graves questions d'État.

N° 688. — *Dante et Virgile.* — (M. **Corot.**)

Dante, conduit par Virgile, traverse une sombre forêt, où il rencontre une panthère, une hyène et un lion. C'est l'entrée des enfers.

N° 690. — *Idylle.* — (M. **Corot.**)

Au milieu d'un paysage digne des bergers de Théocrite et de Virgile, un vieillard chante le vin de Sicile, tandis que jeunes gens, jeunes filles et enfants prennent gaiement leurs ébats.

N° 743. — *Le Tasse à Sorrente.* — (M. **de Curzon.**)

Sous le portique élégant, décoré de verdure, d'une villa de Sorrente, au milieu de femmes et de jeunes filles occupées gaiement de leurs travaux, se présente un voyageur pâle, fatigué, couvert de poussière. Il a remis à la maîtresse de cette demeure une lettre dans laquelle on lui annonce que Torquato Tasso, son frère, est en grand danger.

La pauvre femme va s'évanouir de douleur. L'étranger n'y tient plus. Il jette son manteau. « Ma sœur! » s'écrie-t-il en la relevant dans ses bras.

C'est en effet le Tasse lui-même que Cornélie n'avait pu reconnaître, tant le chagrin et la maladie avaient changé ses traits.

N°ˢ 792 et 793. — *La Mort.* — *Le Retour.* — (M. **Alfred de Dreux.**)

Scènes de chasse à courre. Qui croirait voir dans le doux visage de leur jeune héros les traits d'un ministre de la mort !

N° 832. — *La Leçon de flûte.* — (M. **Delaunay.**)

Cet ouvrage, exécuté à Rome, a été déjà exposé à l'École des Beaux-Arts.

N° 834. — *Renaud dans les jardins d'Armide.* — (M. **Delestre.**)

Le terrible guerrier dompté par la magicienne est étendu à ses pieds. Les Amours jouent avec ses armes meurtrières ; mais le jeune héros ne tardera pas à se relever de son engourdissement. A la voix de ses deux compagnons d'armes, il va de nouveau courir au combat, et l'enchanteresse, malgré tous ses charmes, sera impuissante à le retenir.

N° 1169. — *La Danse des œufs.* — (M. **Froment.**)

Peinture dans le genre grec ou étrusque, dans laquelle on voit des jeunes filles, les yeux bandés, sauter sur des dalles de marbre au milieu d'œufs symétriquement rangés. De petits Amours règlent leurs danses par le son de leurs instruments.

N° 1229. — *Les Funérailles d'une jeune fille à Venise.* (M. **Gendron.**)

Une gondole dans Venise la folle. Mais cette fois ce n'est point une mascarade, point un couple d'amants. La mort vient aussi faucher là, et la jeune fille, si riante la veille, qui se balançait en chantant sur les eaux des lagunes, aujourd'hui glacée, les parcourt encore pour se rendre à sa dernière demeure.

N° 1395. — *L'Amour en visite.* — (M. **Louis Hamon.**)

Ce sujet n'est pas facile à expliquer. Le dieu de Cythère, son arc à la main, s'est arrêté devant un réduit d'assez triste apparence, mais dont l'entrée est protégée par une clôture de planches fort mal jointes. Il frappe : « Toc, toc ! » Lui répond-on ? ne lui répond-on pas ? A travers les fentes de la porte, on aperçoit une jeune et fraîche figure qui sourit ; près de cette porte, et sur une pierre, est une sébile contenant des pièces de monnaie.... Il y a une énigme ; mais je n'en ai pas trouvé le mot.

N° 1509. — *L'Enfance de Jupiter.* — (M. **Hillemacher.**)

Jupiter enfant, entouré de nymphes, est allaité par la chèvre Amalthée. Les Corybantes pourraient cesser pour l'instant leur tapage, car le petit dieu, futur maître du tonnerre, ne paraît pas avoir envie de crier.

N° 1736. — *Paysage.* — (M. **Lambinet.**)

Prairie au mois de juin.

N° 1737. — *Dans les champs.* — (M. **Lambinet.**)

Cette étude consciencieuse et vraie de la nature a été faite à Saint-Brice.

N° 1794. — *Christophe Colomb au couvent de Sainte-Marie de Rabida*. (M. **Laugée.**)

Plein de ses projets de découvertes, Colomb s'en allait avec son fils à la cour d'Espagne. Sur sa route il reçoit l'hospitalité au couvent et expose son idée au supérieur, qui fut plus tard son protecteur. Celui-ci semble pressentir dans Colomb l'homme de génie, tandis que les moines présents doutent, et sont plutôt tentés de le croire fou.

N° 1897. — *L'Éducation de Tobie.* — (M. **H. Lehmann.**)

Tobie enseigne à son fils les préceptes de la vertu et de la crainte de Dieu. Le jeune homme, qui doit être le modèle de la piété filiale, écoute avec foi et respect les paroles de son père.

N° 1898. — *Le Pêcheur.* — (M. **H. Lehmann.**)

L'eau murmura, l'eau se gonfla, et vint mouiller ses pieds nus; son cœur grandit, plein d'ardents désirs, comme sous le plus aimé des baisers. Elle lui parla, lui fit entendre son chant.... Dès lors, il fut perdu : elle l'entraîna un peu; il s'affaissa à moitié; depuis, on ne le revit jamais.   GOETHE.

N° 1939. — *Moïse secourant les filles du sacrificateur de Madian.* — (M. **Jules Lenepveu.**)

Sujet emprunté au livre de l'*Exode*. Les sept filles du prêtre de Madian étaient venues à la fontaine pour puiser de l'eau : de grossiers pasteurs les repoussent. Moïse se présenta, mit en fuite les assaillants, et, en sa présence, les jeunes filles purent abreuver leurs troupeaux.

N° 1990. — *Ruth et Noémi.* — (M. **Lévy.**)

> . . . . Et Dieu qui les bénit,
> Aux désirs de Booz permet que tout réponde.
> Belle comme Rachel, comme Lia féconde,
> Son épouse eut un fils ; et cet enfant si beau
> Des bienfaits du Seigneur est un gage nouveau.
> C'est l'aïeul de David : Noémi le caresse,
> Elle ne peut quitter ce fils de sa tendresse.
>
> FLORIAN.

N° 2216. — *Zeuxis.* — (M. **Mottez.**)

Zeuxis avant de faire la statue de Junon Lucinienne avait obtenu des Agrigentins de voir leurs filles nues, pour réunir leurs beautés diverses en un type parfait. Au fond, derrière un voile qui s'entr'ouvre légèrement, l'artiste est en étude devant l'une d'elles. Les autres attendent, quelques-unes indifférentes, plusieurs avec la rougeur de la pudeur offensée.

N° 2782. — *La Sainte Famille.* — (M. **Signol**.)

N° 2797. — *Jeune fille effeuillant une marguerite.* — (M. **Soulié**.)

Ne crains pas, belle enfant, de consulter l'oracle des amoureux : tu es trop jolie pour qu'il ne t'aime pas!

N° 2821. — *Incendie du vapeur l'Australia.* — (M. **Tanneur**.)

Cette terrible scène a été également rappelée par M. Isabey (N° 1576). M. Tanneur a complété son récit en peinture, en plaçant dans les eaux du brick incendié les navires qui passèrent alors, et eurent la lâcheté et l'égoïsme de ne point suspendre leur marche pour sauver les victimes. Heureusement pour l'honneur des nations qu'ils représentaient, on ne put apercevoir les couleurs de leurs pavillons.

N° 2880. — *La Prière.* — (M. **Toulmouche**.)

Charmante enfant, jolie et pure comme un ange, qui ne prierait à ses genoux ?

N° 2882. — *Le Château de cartes.* — (M. **Toulmouche**.)

C'est une jolie jeune fille qui en est le gracieux architecte. La petite sœur, attentive au travail, appuie sa tête enfantine sur un bras bien potelé; son frère est grave et réfléchi. Une autre sœur, encore enfant, tout à l'heure femme, a quitté sa tapisserie, mais paraît s'intéresser moins au léger échafaudage.

N° 2901. — *Retour à la ferme.* — (M. **Troyon**.)

Tous ces beaux animaux sortent du bois, semé de marécages, dans lequel ils ont trouvé une ample nourriture. Le chien précède bruyamment le cortége; puis viennent les vaches, les moutons, les bœufs. L'âne est demeuré le dernier : il semble pressentir que quelque corvée l'attend au logis.

Salon N° 12.

Consacré aux artistes étrangers : belges, allemands, hollandais, etc.
La description des tableaux de ce salon fait l'objet d'un autre livret.

Salon N° 13.

N° 74. — *Mort du général Bizot.* — (M. **Armand Dumaresq.**)

Le buste du général Bizot orne déjà les galeries du Musée de Versailles. M. Armand Dumaresq a voulu rappeler d'une manière plus complète le souvenir de sa mort glorieuse. Le général visitait les tranchées avec le général Niel, le capitaine Petit et d'autres officiers. Une balle russe l'atteignit mortellement à la tête : il tomba dans les bras du capitaine, mais pour ne plus se relever. Ce fut le douzième officier du génie tué pendant le siége mémorable de Sébastopol. Vingt-trois avaient été atteints par le feu de l'ennemi et blessés avant la mort du général Bizot.

N° 298. — *Le bon Samaritain.* — (M. **Bonnat.**)

Un homme descendait de Jérusalem à Jéricho ; il tomba entre les mains des voleurs, qui le dépouillèrent ; et après qu'ils l'eurent couvert de plaies, ils s'en allèrent, le laissant à demi mort. Or, il arriva qu'un prêtre descendait par le même chemin ; et quand il l'eut vu, il passa outre. Un lévite, le voyant, passa de même. Mais un Samaritain, qui voyageait, vint vers cet endroit, et, le voyant, fut ému de compassion. (*Évang. de saint Luc.*)

N° 557. — *Camp de Châlons*, 1857. — (M. **Louis Charpentier.**)

Dans une de ses promenades d'inspection, l'Empereur est arrivé près des bivouacs de l'artillerie de la garde. Il adresse la parole au général qui se trouve en avant de tous les officiers du régiment.

N° 570. — *L'Éducation de Jésus.* — (Mme **Laure de Châtillon.**)

Ce tableau a été commandé par le Gouvernement.

N° 687. — *La Séparation du Dauphin et de sa mère, Marie-Antoinette, à la prison du Temple, le 3 juillet* 1793. — (M. **Henri Coroenne.**)

Vue de l'intérieur de la chambre dans laquelle étaient enfermés les membres de la famille royale après la mort de Louis XVI. On vient enlever le Dauphin. En vain la reine et Madame Élisabeth supplient, en vain la jeune sœur du prince se jette aux genoux de l'officier municipal. Celui-ci présente ses ordres. On emmène le malheureux enfant, qui se débat inutilement entre les mains des agents.

Nº 696. — *Un Zouave en maraude.* — (M. **Louis Corréard.**)

Il n'y va pas de main morte, le gaillard! Je me demande si sa monture pourra achever le voyage avec cette provision de canards, d'oies, de petits agneaux, que notre maraudeur accommode déjà, sans doute, dans son imagination.

Nº 697. — *Un Zouave en conquête.* — (M. **Corréard.**)

Voici encore un brave qui me parait avoir

> . . . Le triple talent
> De boire et de battre
> Et d'être un vert galant.

Nº 717. — *La Commission du Musée Napoléon présente à Leurs Majestés Impériales, au palais de Saint-Cloud, les plans du Musée fondé à Amiens par l'Empereur.* — (M. **Court.**)

Cette vaste toile a été commandée par la Commission du Musée pour orner le principal salon du monument, quand il sera terminé. L'Empereur et l'Impératrice quittent l'estrade du trône pour aller examiner les plans que tous les membres de la Commission déroulent sur une table. M. le ministre d'État est près de l'Empereur. Sur la droite du tableau sont quelques-uns des grands officiers de la maison impériale.

Nº 726. — *Portrait de M. le général d'Allonville.* — (M. **Couverchel.**)

Nº 762. — *Saint Houardon.* — (M. **Yan Dargent.**)

Un vieillard, la tête entourée par la couronne des élus de Dieu, est assis sur une large pierre de taille que soulève une mer agitée. Deux anges aux ailes étendues poussent cette pierre et le saint vers le rivage.

C'est le patron de la ville de Landernau, c'est saint Houardon, l'un des premiers apôtres du christianisme dans la vieille Bretagne.

Nº 786. — *Sainte Geneviève, patronne de Paris.* — (M. **Debon.**)

Elle arrête un sacrifice profane pour convertir le peuple à la religion du Christ.

Nº 791. — *Expédition de Kabylie.* — (M. **Decaen.**)

La division du général Renault s'empare de Tiquert-Hala, le 24 mai 1857.

Nº 841. — *Siége de Sébastopol.* — (M. **Deneuville.**)

L'un des principaux épisodes de l'assaut du 18 juin 1855, à quatre heures du matin.

N° 842. — *Siége de Sébastopol.* — (M. **Deneuville**.).
Assaut du 18 juillet 1855.

N° 865. — *Jean Bart.* — (M. **Desmit.**)

A la tête de quelques marins rassemblés par lui, à l'âge de vingt-cinq ans, il s'empare, à l'abordage, d'une frégate hollandaise devant le Texel.

N° 926. — *Ascension du Christ.* — (M. **François Dubois.**)

N° 977. — *S. A. I. le Prince Jérôme à l'attaque du château d'Hougoumont.* — (M. **Jules Duvaux.**)

Barthélemy a célébré en beaux vers, dans son poëme de *Waterloo*, la courageuse énergie du roi de Westphalie dans cette fatale journée. Le roi, à la tête des troupes placées sous ses ordres, emporta l'enceinte crénelée du château, et força les Anglais à s'éloigner devant lui.

N° 1118. — *Victimes d'expiation.* — (M. **Foulongne.**)

Aux temps où les druides étaient tout-puissants dans les Gaules, il leur arrivait fréquemment de faire des sacrifices humains au fond des forêts les plus épaisses. De là, le souvenir de ces pierres druidiques que l'on rencontre dans notre pays et qui servaient d'autels pour ces terribles holocaustes. Quelques chefs ont voulu sans doute connaître le sort d'une entreprise. Deux malheureux ont été égorgés, et on a rejeté leurs cadavres sur le sol. Les assistants les examinent avec une avide curiosité, afin de pouvoir interpréter pour ou contre leurs espérances les convulsions de l'agonie.

N° 1193. — *Napoléon Ier à la Malmaison.* — (M. **Gariot.**)

En 1815, Napoléon était à la Malmaison. De la terrasse de cette maison de campagne qu'il aimait beaucoup, il aperçoit l'incendie du pont de Chatou. Autour de l'Empereur sont des officiers de différents corps, dont les costumes d'une grande exactitude rappellent les uniformes du premier Empire.

N° 1289. — *Allocution de S. M. l'Empereur à la distribution des aigles, le 10 mai 1852.* — (M. **Auguste Glaize.**)

Ce souvenir de l'un des faits mémorables du règne de Napoléon III est destiné à prendre place dans les galeries historiques du palais de Versailles.

La cérémonie eut lieu au Champ de Mars. Une tente magnifique avait été disposée devant l'École militaire pour recevoir l'Empereur, les princes de sa famille et sa suite imposante.

Tous les officiers des régiments de l'armée française chargés de recevoir les drapeaux sont groupés au pied de l'estrade du haut de laquelle l'Empereur leur adressa l'énergique allocution dont la France a conservé le souvenir.

Près de l'estrade sont quelques-uns des chefs arabes qui figurèrent dans le cortége de Sa Majesté.

N° 1540. — *Mort de Henri IV.* — (M. **Housez.**)

On aperçoit le derrière du coche à rideaux dans lequel le Roi est assis. Henri s'est renversé, et sa tête, déjà pâle, va tomber sur le bras de son ministre. De la main il désigne l'infâme Ravaillac, qui, le couteau sanglant à la main, cherche à descendre de la roue sur laquelle il était monté pour accomplir son crime. De toutes parts on le désigne, et les soldats et le peuple se précipitent pour s'emparer du misérable qui ne saurait échapper au supplice réservé à son parricide.

N° 1595. — *Épisode du combat de Kouyil.* — (M. **Janet-Lange.**)

Scène de la guerre de Crimée (29 septembre). Un hussard du 4° régiment, sous les ordres du général d'Allonville, sabre un uhlan russe.

N° 1768. — *Portrait d'Omer-Pacha, généralissime de l'armée turque pendant la guerre de Crimée.* — (M. **Lapaty.**)

N° 2432. — *Charge de chasseurs d'Afrique.* — (M. **Philippoteaux.**)

Le 25 octobre 1854, combat de Balaklava. Le 4° escadron, capitaine Ollier, commandant Abdelal, culbute quatre fois l'ennemi.

N° 2453. — *L'Armée française à Rome.* — (M. **Pilliard.**)

Partout où passent les soldats français, ils y laissent de bons et honorables souvenirs. A Rome, ils ont introduit les traditions de bienfaisance qu'ils pratiquent si bien à Paris et dans toutes les villes de garnison. Le matin, à l'heure de la soupe, ils distribuent des vivres aux pauvres, aux vieillards, aux infirmes.

N° 2483. — *Geoffroy Saint-Hilaire au séminaire de Saint-Firmin.* — (M. **Plattel.**)

L'éminent savant que nous avons perdu, et auquel, tout récemment, la ville d'Étampes a élevé une statue en marbre sur la place publique, est représenté ici accomplissant l'une des actions les plus honorables de sa vie.

C'était en 1792, — il avait vingt ans, — pendant la terrible et sanglante nuit du 2 au 3 septembre. Plusieurs prêtres étaient enfermés dans le séminaire de Saint-Firmin et voués à une mort cruelle. Le jeune Geoffroy entreprit de les sauver, et y réussit. On le voit monté sur un mur, encourageant d'un côté les ecclésiastiques à se servir des échelles qu'il leur a procurées; indiquant de l'autre aux fugitifs le chemin qu'ils doivent suivre.

Plusieurs coups de fusil furent tirés sur le courageux libérateur, mais Dieu le protégea dans cette circonstance, et il eut la joie d'arracher les infortunés aux couteaux et aux haches des assassins.

N° 2581. — *Baptême de Clovis.* — (M. **Rigo.**)

En l'an 496 de J.-C., après la victoire de Tolbiac, Clovis, ses deux sœurs et un grand nombre de guerriers se font baptiser. La pieuse reine Clotilde assiste à cette cérémonie.

N° 2715. — *La Dernière Séance.* — (M. **Schlesinger.**)

La jeune femme qui pose avec tant de calme et de résolution, debout devant le mur de son cachot, c'est Charlotte Corday; l'officier de la garde nationale, c'est M. Huner, jeune artiste qui faisait partie de la section du Théâtre-Français. Il avait commencé le portrait de la jeune fille. Charlotte, après sa condamnation, pria le concierge de laisser monter M. Huner, et, sans aucun trouble, lui donna une dernière séance.

Salon N° 14.

N° 50. — *Paysage.* — (M. **Jules André.**)

Vue des bords de la Bonnieure, à Puyreaux, département de la Charente.

N° 149. — *Rade de Cherbourg.* — (M. **Barry.**)

Souvenir des fêtes brillantes qui ont été célébrées sur les bords de l'Océan dans les premiers jours d'août 1858. C'est le 5 de ce mois que l'empereur Napoléon III reçut S. M. la reine d'Angleterre à bord du magnifique vaisseau *la Bretagne.*

N° 178. — *Combat de Kanghil, 29 septembre 1855.* — (M. **Beaucé.**)

Trois régiments de cavalerie prirent part à ce beau fait d'armes, le 4e hussards, le 6e et le 7e dragons. Le 4e hussard arriva le premier en vue de l'ennemi, qui se composait de cavalerie, d'artillerie et d'infanterie. L'attaque des hussards, vivement soutenue par les dragons, fut couronnée du plus brillant succès. Les escadrons russes furent rompus, l'infanterie culbutée et les artilleurs sabrés sur leurs pièces, qui tombèrent au pouvoir des Français.

N° 179. — *Le général Canrobert reconnaissant les travaux des Russes devant Sébastopol.* — (M. **Beaucé.**)

Souvenir de la campagne de Crimée.

N° 200. — *L'Officier en permission.* — (M. **H. Bellangé.**)

Il ne s'agit point ici de permission de plaisir. Le brave officier, qui a dû ses épaulettes à sa conduite, à son courage, a obtenu, au retour de Crimée, l'autorisation de rejoindre sa famille. Il est arrivé à la station du chemin de fer, que l'on aperçoit dans le lointain. Là l'attendait la carriole de la famille. Il a pris place à côté de sa vieille grand'mère, toute ragaillardie. Derrière lui sont ses meilleurs amis, sa mère, son père, ses sœurs…. Il traverse les champs paternels. C'est à qui le saluera, lui adressera un compliment. On est heureux de son retour, on est fier de retrouver dans ce bel officier un enfant du village. Ce n'est guère qu'en France qu'un peintre peut représenter de semblables sujets.

N° 201. — *L'Inventaire d'une casemate russe après la prise de Malakoff.* — (M. **H. Bellangé.**)

Des zouaves sont entrés dans cette casemate, et naturellement ils en ont pris possession. Il faut voir la mine de celui qui a ramassé une guitare et essaye d'en tirer quelques sons. Un autre secoue avec intérêt un pantalon qui a l'air d'être à peu près neuf. Un troisième s'occupe d'un soin plus sérieux. Un pauvre Russe est demeuré blessé, étendu à terre.... Après la victoire, il n'y a plus d'ennemi. Le zouave a cherché à faire boire quelques gouttes d'eau-de-vie au blessé; il consulte les battements de son cœur. Hélas! plus rien... le malheureux est mort.

N° 202. — *Épisode de la prise de Malakoff.* — (M. **Bellangé.**)

Nos soldats montent hardiment à l'assaut d'un mamelon; le clairon sonne la charge, et un zouave plante le drapeau français au sommet.

N° 203. — *Une Halte.* — (M. **H. Bellangé.**)

Ici nous sommes en plein comique. Des soldats sont arrivés dans un village de Normandie; — la Normandie a un attrait particulier pour M. Bellangé; — ils cherchent à se reposer, à se rafraîchir. Ils ont aperçu une auberge de bonne apparence, et surtout deux aubergistes fraîches et rebondies. Un caporal cherche déjà à serrer la taille assez svelte de la servante; le clairon, la main placée sur son cœur, exprime une passion aussi violente que subite pour la bourgeoise, qui rit d'un air moqueur; mais le vieux sergent ne donne pas dans ces folies... il a soif, il veut boire. « Allons, les enfants, à table, et » du vin! » Il faut obéir.

N° 279. — *Le Déserteur.* — (M. **Blanc-Fontaine.**)

Sur une route du département des Hautes-Alpes, deux gendarmes emmènent un soldat. Un homme et une femme, deux vieillards, attristés et malheureux, sont sur le premier plan. C'est pour eux sans doute, pour un père, pour une mère, que le jeune soldat avait oublié le devoir.

N° 388. — *Sainte Cécile.* — (M. **Bourgoin.**)

Cette sainte est regardée comme la patronne des musiciens.

N° 689. — *Macbeth; paysage.* — (M. **Corot.**)

Macbeth et Banquo rencontrent les sorcières : « Quelles sont, dit celui-ci, ces créatures si flétries et si bizarrement accoutrées qu'elles ne ressemblent point aux habitants de la terre, quoiqu'elles soient sur la terre? Êtes-vous en vie? êtes-vous quelque chose qu'un homme puisse interroger? — Vous paraissez me comprendre, si j'en crois le mouvement que vous faites toutes ensemble en posant vos doigts crevassés sur vos lèvres parcheminées. — Vous devez être des femmes, et cependant vos barbes m'empêchent de croire que vous en êtes.

Macbeth. — Parlez, si vous le pouvez. Qui êtes-vous?

Les sorcières. — Salut, Macbeth! salut à toi qui seras roi!!

N° 725. — *Combat de Kanghil* (Crimée), 29 septembre 1855. — (M. **Couverchel**.)

Terrible mêlée. Les hussards du 4e régiment se précipitent sur des batteries russes dont ils enlèvent et culbutent les gardiens. Le général d'Alonville, le général Walsin Esterhazy, le général de La Martière, étaient présents à cette affaire, qui avait pour but de dégager les abords d'Eupatoria.

N° 838. — *Don Quichotte chez la duchesse.* — (Mme **Adine Verdé-Delisle**.)

Pauvre don Quichotte! il est tombé entre les mains des espiègles filles d'honneur de la duchesse. A la fin du repas, on vient le savonner, le couvrir d'odeurs suaves. Sancho, dans son coin, se prend à penser avec son gros bon sens qu'on pourrait bien se moquer de son maître.

N° 1262. — *Camp de Châlons*, 1857. — (M. **Ginain**.)

Le général Morris, à la tête de sa brigade de grosse cavalerie, fait exécuter une charge en ligne.

N° 1332. — *Le Médecin de campagne.* — (M. **Grenier de Saint-Martin**.)

Il n'est pas aussi difficile à rencontrer que ses confrères de la capitale, notre brave médecin de campagne. On ne fait point antichambre chez lui; il n'a pas le souci d'un cabinet. Ses consultations, il les donne en plein air, sur la route. Faut-il être entre quatre murs pour tâter le pouls à Marguerite, examiner la langue de Jacqueline, prescrire une salutaire ordonnance au petit Pierre ou à la mignonne Marie?

N° 1892. — *Nicolas Poussin à Paris.* — (M. **Legrip**.)

Le jeune Lesueur, admis dans l'atelier du Poussin, reçoit les conseils de ce maître (1641-1642.)

N° 2023. — *Un Homme incompris.* — (M. **Eustache Lorsay**.)

Les mots écrits sur le mur : *Parlez au portier*, disent assez clairement que ce brave homme, si bien campé les mains sur les hanches, les lunettes sur le nez, est M. Pipelet, cumulant les fonctions de restaurateur de la chaussure humaine et de concierge. Il va bien certainement dire un petit bonjour au marchand de vin d'*à côté*.

N° 2079. — *Le Frileux*. — (M. **Marchal**.)

Ils sont là deux enfants, par une froide journée d'hiver, sur la lisière d'un bois : l'un déguenillé, presque nu ; l'autre bien vêtu, chaudement enveloppé. Le petit pauvre est tranquillement assis sur la neige ; le petit riche craint d'y appuyer le pied. « Veux-tu une » boule de neige? dit le premier, comme s'il tenait une orange dans » la main. — Il fait trop froid », répond le second gelant et grelottant en dépit de toutes les précautions prises par sa maman.

N° 2080. — *Le Dernier Baiser*. — (M. **Marchal**.)

Pauvre femme, la misère la force à se séparer de son enfant, à abdiquer ses droits de mère!

N° 2081. — *Peine perdue!* (M. **Marchal**.)

Une femme âgée, tournure de revendeuse à la toilette, cherche à faire accepter à une gentille ouvrière une lettre et un présent. L'infernale vieille vient tenter la pauvre innocente, heureuse dans sa laborieuse médiocrité. « Lisez, mon enfant! Lire n'est pas un péché... » Regardez ce bracelet!... » Mais j'espère bien que l'honnête ouvrière ne retournera la tête que pour inviter la perfide conseillère à prendre la porte.

N° 2206. — *Épisode des fêtes de Cherbourg en 1858*. —(M. **Morel-Fatio**.)

La reine Victoria s'approche dans son canot royal, tandis que l'empereur Napoléon l'attend au pied de l'escalier de *la Bretagne*.

N° 2424. — *La Cuisine à l'étape*. — (M. **Pezous**.)

Le voltigeur est bon garçon ; il ne dédaigne pas, dans l'occasion, de couper les tranches du potage ; mais, pour cette fois, la cuisinière veut bien verser le bouillon : il sera bon, bien certainement. La paysanne est jeune ; elle n'a pas l'air de haïr le militaire, et elle se reprocherait de n'avoir pas fait bon accueil à de braves soldats fatigués d'une longue route.

N° 2425. — *La Musette*. — (M. **Pezous**.)

Dans une chambre de ferme, un soldat fait entendre quelques airs à un paysan et à sa femme. Imprudent villageois! il a donné asile à un Orphée en épaulettes de laine, et il ne remarque pas que la jeune femme paraît très-sensible aux accords de son hôte.

N° 2820. — *Escadre de l'amiral Bruat arrivant au mouillage de Toulon*. — (M. **Tanneur**.)

Tous les vaisseaux abordant le rivage de la France, 12 décembre 1855, ramènent une partie de la garde impériale, qui a si vaillamment suivi la campagne de Crimée. A bord du *Montebello*, qui fait partie de l'escadre, est le corps de l'amiral Bruat, mort pendant la traversée.

Salon N° 15.

N° 61. — *Scène de guerre civile.* — (M. **Antigna.**)

Dans une pauvre demeure, un homme est étendu sur un lit, la tête enveloppée de bandelettes ensanglantées. Près de ce lit est une femme à l'air résolu, armée d'une hache. Elle attend. Un jeune garçon tenant un pistolet s'est courbé devant la porte, et cherche, par une fente, à voir si l'ennemi s'avance. Près de la fenêtre est une jeune fille qui s'évanouit de terreur auprès de sa grand'mère épouvantée. Est-ce la mort, est-ce la délivrance qui va mettre fin aux angoisses de ces infortunés ?

N° 62. — *Baigneuses effrayées par une couleuvre.* — (M. **Antigna.**)

Deux jeunes filles, à l'ombre de beaux arbres, rassurées par la solitude dans laquelle elles se trouvent, ont voulu se donner le plaisir du bain. Elles ont dépouillé leurs vêtements. Tout à coup une couleuvre s'est élancée. Elle entoure la jambe d'une des imprudentes. Sa compagne, à l'aide d'une baguette, cherche à faire fuir le reptile.

N° 299. — *Saint François de Paule.* — (M. **Bonnegrace.**)

Le saint fondateur de l'ordre des Minimes distribue des secours aux pauvres et aux estropiés.

N° 756. — *Laissez venir à moi les petits enfants.* — (Mme **Augustine Dallemagne.**)

Ce sont les paroles de Jésus-Christ mises en action.

N° 846. — *Martyre de saint Maurice.* — (M. **Desgoffe.**)

Entouré des cadavres de ses compagnons qui ont été massacrés pour avoir refusé de renier le Dieu des chrétiens, Maurice est encore debout sur son cheval, dominant cette scène d'extermination. Mais il est mortellement blessé. Il lève pour la dernière fois les yeux vers le ciel, comme pour lui faire hommage de sa vie terrestre.

N° 871. — *Baigneuses orientales.* — (M. **Devedeux.**)

Nonchalantes et les pieds dans l'eau, elles s'enivrent du parfum des fleurs. L'une d'elles fait briller dans un rayon de soleil une parure de pierreries. La jeune négresse, dans son indolence, semble à peine avoir la force d'envier la beauté de ses jolies maîtresses.

N° 1031. — *Éducation de l'Amour.* — (M. Eugène Faure.)

Vénus ou une nymphe, sans autre parure que ses charmes, a fait monter l'Amour sur un tertre, et de là lui apprend à ajuster une flèche sur la corde de l'arc, à viser et à atteindre sûrement le but qu'elle a désigné à l'adresse du méchant enfant.

N° 1073. — *Environs de Marseille, côté du Prado.* — (M. Paul Flandrin)

Dans une anse, baignée par les eaux bleues de la Méditerranée qui viennent former de blancs flocons autour des rochers, de jeunes hommes se baignent ; d'autres s'exercent à la lutte sur le rivage.

N° 1097. — *Le Golfe d'Ajaccio* (Corse). — (M. de Fontenay.)

L'empereur Napoléon Iᵉʳ naquit à Ajaccio le 15 août 1769.

N° 1115. — *Fabiola et Syra.* — (Mˡˡᵉ A. Fougère.)

La jeune esclave chrétienne vient de lire un passage de la sainte Écriture. Fabiola reste plongée dans un profond étonnement : c'est encore le doute, mais ce doute qui précède de peu la foi.

N° 1256. — *Une Arrestation sous la Terreur.* — (M. Gigoux.)

Un officier municipal, muni d'un mandat d'arrestation et suivi de deux gendarmes, pénètre dans un salon. Ils sont reçus par une jeune femme, une enfant, en costume de deuil. La figure inquiète de la jeune femme, son mouvement sur la boiserie, laissent deviner qu'une personne doit être cachée dans l'appartement.

N° 1276. — *Intérieur du salon de S. A. I. Madame la Princesse Mathilde.* — (M. Charles Giraud.)

La Princesse est assise au fond du salon près d'une table couverte d'albums et de fleurs. Parmi les visiteurs, on remarque plusieurs personnages de distinction, des artistes.

N° 1279. — *Femmes d'Alger.* — (M. Eugène Giraud.)

Les pauvres femmes sont sous le portique de la maison qui leur sert de demeure. Devant elles une cour pour toute distraction, pour tout horizon. Elles sont vêtues de leurs plus brillants ajustements, et, pour occuper le temps, elles fument, elles font de la musique, elles boivent du café ; mais le plus simple travail, aucune n'y pense.

N° 1582. — *Pérugin peignant chez les moines, à Pérouse.* — (M. Jacquand.)

L'artiste leur prouve que leur méfiance est mal fondée : il leur rend la poudre d'outre-mer qu'il aurait pu leur dérober et que ceux-ci lui fournissaient avec une extrême parcimonie. « A l'avenir, leur dit-il, ayez confiance dans la probité des artistes. »

N° 1735. — *Paysage.* — (M. Lambinet.)

Les bords d'un ruisseau à Écouen. Les pommiers sont chargés de fruits que les paysans commencent à récolter.

N° 1752. — *Étude*. — (M. **Landelle**.)

Bustes de jeunes filles de la campagne de Rome. Deux sœurs certainement : l'aînée, grave et protectrice; la jeune, pleine d'une confiance naïve.

N° 1963. — *Un Écumeur*. — (M. **Le Poittevin**.)

Voici un gaillard qui doit mériter doublement son titre, car il semble qu'il soit homme à écumer la mer avec autant de sang-froid que sa marmite.

N° 2097. — *Le Denier de la veuve*. — (M. **Marquis**.)

Jésus-Christ montre à ses disciples que le denier de la veuve lui sera plus compté que la riche aumône faite avec ostentation.

N° 2146. — *Un Marché*. — (M. **R. Ménard**.)

Dans une verte vallée, à quelque distance du village, des paysans sont réunis en grand nombre pour vendre ou acheter des poules, des chevaux, des moutons, des bestiaux.

N° 2149. — *Un Loto à bord*. — (M. **Victor Mercier**.)

Un matelot à la face joviale est campé sur un tonneau et appelle les numéros. L'un des joueurs, dont les chiffres ne sortent pas, s'arrache les cheveux de dépit; un autre doit avoir son carton plein, car il semble triomphant, et son voisin le regarde d'un œil jaloux.

N° 2201. — *Coquetterie*. — (M. **Charles Moreau**.)

Une jeune fille, en négligé du matin, s'est posé une rose dans ses blonds cheveux. Elle projette sans doute quelque conquête, car elle se regarde dans le miroir avec un sourire mutin et satisfait.

N° 2202. — *Méditation*. — (M. **Charles Moreau**.)

> . . . . A quoi penses-tu?
> Qui sait? Peut-être à l'héroïne
> De quelque infortuné roman;
> A tout ce que l'espoir devine
> Et la réalité dément.
>
> MUSSET.

N° 2272. — *Une Halte sur des ruines*. — (M. **Omer Charlet**.)

Cueillez des fleurs, chantez, dansez; la vie est courte! — Cette ruine sur laquelle vous vous arrêtez gaiement, songez-y, elle a vu passer bien des générations, et vous passerez comme elles.

N° 2382. — *Madame Lebrun chez la reine Marie-Antoinette*. — (M. **Pérignon**.)

La célèbre artiste avait été appelée à Versailles pour faire le portrait de la reine. Elle était souffrante. Dans son empressement à se mettre à l'ouvrage, elle renversa la boite qui contenait ses pinceaux. « J'allais me baisser, raconte-t-elle dans ses *Souvenirs.... — Laissez, laissez, dit la reine, vous êtes trop avancée dans votre grossesse pour vous baisser !* » Et, quoique je pusse dire, elle releva tout elle-même. »

Nº 2608. — *Si j'osais !* — (M. **Roehn.**)

Bonne vieille, prenez garde, ne dormez pas trop longtemps.

Nº 2648. — *L'Atelier de Paul Delaroche.* — (M. **Louis Roux.**)

Toile intéressante par les souvenirs qu'elle rappelle. L'artiste a fidèlement représenté la grande et silencieuse salle dans laquelle le peintre remarquable que nous avons perdu se livrait à ses études, aux travaux qui lui ont valu tant d'honorables succès. Quelques amis, quelques élèves l'entourent.

Nº 2716. — *En l'absence de la maîtresse.* — (M. **Schlesinger.**)

Ah ! si madame la marquise rentrait, vous seriez punie, piquante soubrette, des hommages que vos yeux mutins lui dérobent ; et vous, mes beaux seigneurs, qui égarez vos cœurs dans l'antichambre, je vous conseillerais de prendre la porte.

Nº 2779. — *Germain Pilon.* — (M. **Sieurac.**)

L'artiste sculpte le groupe des trois Parques en présence de Henri II, de Diane de Poitiers et de ses filles.

Nº 2809. — *La Vierge de Cimabué.* — (M. **Sturler.**)

En l'an 1770, en présence de Charles d'Anjou et de plusieurs personnages importants dans les sciences et dans les arts, on traîne en procession l'image de la Vierge de Cimabué pour la transporter à l'église Santa-Maria-Novella.

Nº 2884. — *Le Départ.* — (M. **Tournemine.**)

Une caravane, hommes, chevaux et chameaux, se met en route ; elle quitte quelque ville de l'Asie Mineure, dont les mosquées se détachent sur le ciel clair de l'Orient.

Nº 2902. — *Départ pour le marché.* — (M. **Troyon.**)

Le jour commence, une sorte de brouillard couvre encore la campagne. A travers cette vapeur s'avancent sur la route des moutons et des bœufs. La fermière, montée sur son âne, veille sur les agneaux que contiennent ses paniers. Le fermier, à cheval, forme l'arrière-garde et stimule la marche des paresseux. Il faut penser au déjeuner et au dîner de la grande ville.

FIN.

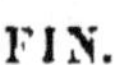

www.ingramcontent.com/pod-product-compliance
Lightning Source LLC
LaVergne TN
LVHW022314170726
843503LV00006B/2494